Hausgemacht

Ausgerollt

av BUCH

Ich widme dieses Buch meiner Frau Barbara und
meiner Tochter Marie, in Dankbarkeit für ihre grenzenlose und
liebevolle Unterstützung bei all meinen zeitintensiven Projekten.

Michael Meixner

Hausgemacht

Ausgerollt

Michael Meixner

FRISCHE PASTA
selbst machen

av BUCH

Inhalt

Rezepte

Vorwort

Stellen Sie sich das vor: Italien, mitten im Herzen Wiens. Bereits als ich vor der Entscheidung stand, Koch oder Chemiker zu werden, ging es um die Wahl zwischen Analysieren – oder Hinzufügen. Nach einigem Hin und Her setzte sich ein hedonistisch-kreativer Lebensansatz durch, und seither begleiten mich beide Prinzipien wie ein roter Faden durchs Leben. Meine Tätigkeiten als Produzent einerseits und als Koch andererseits verlangen mir beides ab: Logik und Kreativität. Wie durch einen Zufall geriet ich eines Tages an die wichtigsten Utensilien eines wahren Pastachefs: eine Riege hochprofessioneller Nudelmaschinen.
Was nach High End klingt, ist manuelle (Feinst-)Arbeit. Ohne als Italiener geboren zu sein, nehme ich mir seit zehn Jahren die Freiheit, die italienische Nationalspeise in allen möglichen und erdenklichen Varianten, Formen und Farben selbst zu produzieren. Meine Freunde waren schon der Meinung gewesen, ich müsste in der Küche wieder selbst

Hand anlegen, um es nicht ganz zu verlernen! Seit sechs Jahren koche ich daher wieder in meinem „Pasta … e basta!“ im 1. Bezirk, das sich – anfangs nur als Manufaktur (330 kg Pasta täglich!) geführt – zusätzlich zu einem gemütlichen Ort der Verkostung für meine Gäste entwickelt hat. Jeden Tag kann man aus zwei frischen Nudelgerichten wählen. Ich gebe mein kulinarisches Wissen auch persönlich in Kochkursen weiter und freue mich, meine Pastarezepturen endlich auch mit Ihnen in diesem Buch zu teilen. Natürlich unterscheidet sich die maschinelle Produktion maßgeblich von den Kochmöglichkeiten eines privaten Haushalts.

Aber: Frische Pasta selbst herzustellen ist nicht nur leicht zu bewerkstelligen, Sie werden sehen, dass auch Ihrer Fantasie keine Grenzen gesetzt sind. Der Genuss frischer Pasta gehört für mich zu den schönsten kulinarischen Momenten. Die Vielzahl an Füllungen und Soßen ist schlichtweg inspirierend. Auf den folgenden Seiten finden Sie Anregungen für immer neue köstliche Experimente und herrlich frische Eigenkreationen. Kombinieren Sie und lassen Sie Ihrem Geschmack freien Lauf! Begeben Sie sich mit meinen bunten Nudelsalaten, vegetarischer Pasta, Pasta mit Fisch und ausgewählten Pastagerichten mit Fleisch auf eine kulinarische Reise nach Italien – und gönnen Sie sich ein wenig „Dolce Vita“.

Mit Herz und Hirn: Die von mir hier extra ausgewählten Rezepte sind übrigens ausschließlich Lieblingsspeisen unserer Gäste. Die einfache und schnelle Zubereitung dieser „Best of Pasta“ der letzten Jahre bereitet Kurzweil und Vergnügen.

Ich wünsche Ihnen viel Spaß bei „Pasta … e basta!“
Ihr

EINE KURZE *Geschichte* DER PASTA

Ihr Import aus China wird gern Marco Polo im Jahr 1295 zugeschrieben, doch die Wahrheit ist vielmehr, dass Pasta im Mittelmeerraum bereits in der Antike bekannt und beliebt war.

Die römischen Schriftsteller Horaz und Cicero schwärmten von sogenannten „Lagoni“ – dünnen, aus Mehl und Wasser bereiteten Teigstreifen. Auch in einem der ersten Kochbücher des Römers Apicius (25 v. Chr.) finden sich Pastarezepte. Kenner gehen davon aus, dass mit Beginn des Getreideanbaus Nudeln relativ zeitgleich an unterschiedlichen Orten erfunden wurden und die „Urnudel“

rein zufällig aus gemahlenen, mit Wasser zu einem Teig vermengten Körnern entstanden ist. Um das Jahr 1000 herum lässt sich das erste dokumentierte Pastarezept im Buch „De arte Coquinaria per vermicelli e Maccheroni siciliani“ (“Die Kunst, sizilianische Makkaroni und Vermicelli zu kochen”) finden, das Martino Corno, Koch des Patriarchen von Aquileia, verfasste. Erste historische Quellen, die sich auf die Produktion in kleineren Industriebetrieben beziehen, gehen auf den arabischen Geografen Al-Idrisi (ca. 1150) zurück.

Zwischen 1400 und 1500 breitete sich die Pasta durch Handwerker in Ligurien aus. Dies wird durch die Gründung der Vereinigung der Pastaproduzenten 1546 in Neapel belegt. 1584 zitierte der Schriftsteller Giordano Bruno das neapolitanische Sprichwort: *„È cascato il maccarone dentro il formaggio“* (Die Makkaroni ist in den Käse gefallen).

Bis zum Beginn des 17. Jahrhunderts wurde Pasta ein fester Bestandteil der italienischen Küche. Die Tomate verwendete man aber nicht vor Ende des 18. Jahrhunderts als beliebte Zutat – sie galt als giftige Zierpflanze. Mitte des 19. Jahrhunderts eröffneten Produzenten aus Amalfi eine Pastafabrik am Torre Anunziata in Neapel. Die Verwendung von Maschinen hatte die Entwicklung des Marktes bis über den Atlantik zur Folge.
Die erste hydraulische Presse wurde 1882, die erste dampfbetriebene Mühle 1884 hergestellt.

Schon Ende des 19. Jahrhunderts hatte eine typische Pastafabrik ein Sortiment von 150 bis 200 verschiedenen Formen im Angebot. Heute wird die Pasta in Italien von den Alpendörfern des Nordens bis zu den Fischerdörfern an der südlichsten Spitze der Mittelmeerküste täglich serviert.

Apropos

Das Wort **Pasta** bedeutet „Teig“, und meint jenen einfachen Teig aus Mehl, Wasser, Salz und manchmal auch Eiern, aus dem die verschiedensten Nudeln geformt werden.

WAS MACHT DIE PASTA ZUR Götterspeise?

Frische Pasta kann einen wertvollen Beitrag zu einem rundum gesunden Ernährungsstil leisten. Die Österreichische Gesellschaft für Ernährung empfiehlt mindestens 50 % der täglichen Energieaufnahme in Form von Kohlenhydraten plus 30 % Fettanteil und zusätzlich 20 % Eiweiß.
Da Pasta zum Großteil aus Kohlenhydraten besteht, eignet sie sich hervorragend als fixer Bestandteil Ihres Speiseplans.

Vor allem in Kombination mit den richtigen Soßen und Füllungen kann man dem eigenen Körper viel Gutes tun und ihn ausgiebig verwöhnen. Die Verwendung hochwertiger Zutaten wie Olivenöl, frische Kräuter und Gemüse, Fisch, Parmesan und andere Milchprodukte garantiert eine ausgeglichene Versorgung des Körpers mit notwendigen Vitaminen, Mineralstoffen und „guten“ Fetten (Omega-3- und Omega-6-Fettsäuren).

Positive Nebeneffekte häufig verwendeter Zutaten

Olivenöl enthält einen hohen Anteil einfach ungesättigter Fettsäuren. Diese unterstützen die Körperprozesse effektiv bei der Senkung der Blutfettwerte. Das im Öl reichlich vorhandene Vitamin E wirkt stark antioxidativ. Insgesamt werden den Inhaltsstoffen von kalt gepresstem Olivenöl positive Auswirkungen auf den Fettstoffwechsel, eine Senkung des Blutdrucks und der präventive Schutz vor Arteriosklerose zugeschrieben. Beim Einkauf sollte man darauf achten, nur natives Olivenöl – extra vergine – zu kaufen. Olivenöle mit dieser Bezeichnung dürfen ausschließlich durch rein mechanische Verfahren, d. h. ohne chemische Behandlung oder Erhitzung, hergestellt werden. Sie werden kalt gepresst und verfügen über die beste Nahrungsqualität. Olivenöl eignet sich zum Marinieren und zum Erhitzen – wobei man darauf achten sollte, Temperaturen von 180° Celsius nicht zu überschreiten.

Frische Kräuter sind reich an Vitaminen, Mineralstoffen und sekundären Pflanzeninhaltsstoffen. Sie alle sind unverzichtbare Bestandteile eines ausgewogenen Ernährungsstils. Wer bei Soßen und Füllungen Salz einsparen will – oder aus gesundheitlichen Gründen angehalten ist, den Salzkonsum zu reduzieren –, der ist mit frischen Kräutern bestens bedient, wenn es darum geht, geschmacklich Akzente zu setzen.

Frisches Gemüse sollte in unserer täglichen Ernährung eine Hauptrolle spielen. Viele Vitamine, Mineralstoffe, sekundäre Pflanzeninhaltsstoffe, Ballaststoffe und ein niedriger Energiegehalt (Kalorien) sind für diese Lebensmittelgruppe charakteristisch. Die Kampagne

„5 am Tag“ besagt: Um sich gesund zu ernähren, sollte der Mensch fünfmal am Tag Obst und Gemüse essen. Zahlreiche Studien bestätigen den nachhaltigen Effekt von Obst und Gemüse für den Erhalt der guten Gesundheit.

Tomaten haben in der Welt der Pasta einen großen Stellenwert. Sie enthalten neben vielen Vitaminen (Vitamin A, B1, C, u. v. m.) und Mineralstoffen (z. B. Kalium) in hoher Konzentration das Carotinoid Lykopin. Carotinoide sind wichtige Antioxidanzien – ihre positive Wirkung wird auch im Zusammenhang mit einer möglichen Risikosenkung einiger Krebserkrankungen wissenschaftlich diskutiert. Der Lykopingehalt ist in der gekochten Variante (z. B. Tomatensoße) noch höher als in der rohen Tomate, da beim Erhitzen die pflanzlichen Zellen aufgebrochen werden und das Lykopin dadurch freigesetzt wird.

Milchprodukte, vor allem Käseerzeugnisse, werden sehr häufig in Soßen und Füllungen verarbeitet. Zahlreiche Pastagerichte werden vorzugsweise mit Parmesan bestreut. Parmesan hat einen sehr hohen Kalziumgehalt, ein Inhaltsstoff, der besonders wichtig für die Zahn- und Knochenfestigkeit des Menschen ist. Milcherzeugnisse enthalten auch sehr viel hochwertiges Eiweiß, das in unserem Körper viele Bereiche maßgeblich beeinflusst: Muskeln, zahlreiche Hormone, Zellen des Immunsystems, Haut, Haare. Außerdem bestehen Enzyme aus Eiweiß.

Fette Fische wie Lachse, Heringe oder Makrelen sind besonders reich an Omega-3-Fettsäuren. Ihre extrem positive Wirkung auf unseren Körper kann nicht oft genug betont werden. Sie beugen Herz-Kreislauf-Erkrankungen vor und wirken entzündungshemmend sowie blutdrucksenkend.
Auf Haut und Haare versprühen sie den Effekt eines Jungbrunnens. Aber auch heimische Fische, wie z. B. der Alpenlachs, die eine spezielle Futtermischung (heimische kalt gepresste Öle wie Leinöl oder Rapsöl werden beigemischt) verabreicht bekommen, enthalten wertvolle Omega-3-Fettsäuren.

NUDELTEIG: DAS *Original*

Was macht einen Nudelteig zum echten Pastateig?

Das Originalrezept des Nudelteigs beinhaltet Hartweizengrieß (Triticum durum = Hartweizen), Eier, Wasser und Salz.
Als Grieß bezeichnet man Teilstückchen des Getreidekorns.
Je gröber die Grießstruktur, desto gröber die Pasta. Die typisch gelbe Färbung der Pasta aus der italienischen Küche stammt nicht – wie oft fälschlich angenommen – von den verwendeten Eiern, sie rührt von der Farbe des Grießes.
Durch die klimatischen Veränderungen der letzten acht bis zehn Jahre hat Hartweizengrieß heute in Österreich eine

ähnliche Qualität wie jener im nördlichen und mittleren Italien.
Hartweizengrieß aus Süditalien ist noch stärker gelb gefärbt und viel gröber in seiner Struktur. Das macht ihn für die Nudelproduktion in Italien zum regional beliebtesten.

In der maschinellen Nudelproduktion unterscheidet man zwei Qualitätsstufen. **Stufe I** bezeichnet die gepresste Pasta. Der Teig wird mithilfe einer Spirale durch eine Matrize gepresst und dann mit rotierenden Messern in die gewünschte Länge faconiert. Beispiele für gepresste Pasta sind Maccheroni, Fusilli, Penne oder Orecchiette. Man kann auf diese Weise aber auch Spaghetti, Tagliatelle oder Fettuccine erzeugen. Diese Machart wird hauptsächlich für die getrocknete Pasta eingesetzt.

Als **Qualitätsstufe II** bezeichnet man die gewalzte Form: In mehreren Arbeitsschritten wird der Nudelteig in beliebiger Stärke und Länge ausgerollt und anschließend in die gewünschte Form zugeschnitten. Dies ist die hochwertigste Pasta im Frischesegment. Der gewalzte Nudelteig ist auch das Ausgangsprodukt für die Produktion von Ravioli, Tortellini, Cannelloni u. v. m.

Wenn man den Begriff Nudelteig „googelt“, erhält man weit mehr als 100 000 Suchergebnisse. Auf all diesen Seiten finden sich mannigfaltige Vorschläge für den perfektesten Teig, jeder einzelne Koch schwört auf seine eigene Rezeptur.
Auch ich bin keine Ausnahme und freue mich, Ihnen mein jahrelang erprobtes, bewährtes und bevorzugtes Rezept vorzustellen.

MEIN Nudelteig

Basisrezept für geschnittene Pasta

Für 4 Personen als Hauptspeise

Zutaten

- 800 g Hartweizengrieß
- 4 ganze Eier (mittelgroß)
- 1/8 l Wasser (an heißen Tagen etwas mehr, an feuchten Tagen entsprechend weniger)
- 1 Prise Salz

Zubereitung

Hartweizengrieß mit einer Prise Salz auf die Arbeitsfläche verteilen, in der Mitte eine Mulde bilden, die Eier dazugeben. Mit einer Hand die Eier und den Grieß vermengen, mit der anderen Hand den restlichen Grieß mithilfe einer Teigkarte nach und nach zufügen. Das Wasser langsam beigeben und weiterkneten, bis der Teig eine leicht bröselige, aber bindende Konsistenz erhält. Den Teig in Klarsichtfolie verpacken und für 2–5 Stunden im Kühlschrank rasten lassen.

Tipp

Grundsätzlich gilt für alle Teigvarianten: Je härter der Teig beim Kneten ist, desto einfacher ist die weitere Verarbeitung!

Basisrezept für Ravioli

Für 4 Personen als Hauptspeise

Zutaten
- 400 g Hartweizengrieß
- 3 ganze Eier (mittelgroß)
- 1/16 l Wasser (an heißen Tagen etwas mehr, an feuchten Tagen entsprechend weniger)
- 1 Prise Salz

Zubereitung
Hartweizengrieß und eine Prise Salz auf die Arbeitsfläche geben, in der Mitte eine Mulde bilden, die Eier hineingeben. Mit einer Hand Eier und Grieß vermengen, mit der anderen Hand den restlichen Grieß mithilfe einer Teigkarte nach und nach zufügen. Das Wasser langsam dem Teig beigeben und weiterkneten, bis der Teig eine leicht bröselige, aber bindende Konsistenz erhält. Den Teig in Klarsichtfolie verpacken und zum Rasten für 2–5 Stunden in den Kühlschrank stellen.

Info

Dieser Nudelteig eignet sich nicht zum Ausrollen mit einem haushaltsüblichen Nudelholz. Sollte Ihnen allerdings nichts anderes zur Verfügung stehen, empfehle ich, die Wassermenge um ein Drittel zu erhöhen.

Basisrezept für geschnittene Vollkornpasta

Für 4 Personen als Hauptspeise

Zutaten
- 800 g Dinkelvollkorngrieß (erhältlich in jedem gut sortierten Reformhaus)
- 4 ganze Eier (mittelgroß)
- 1/8 l Wasser (an heißen Tagen etwas mehr, an feuchten Tagen entsprechend weniger)
- 1 Prise Salz

Zubereitung
Dinkelvollkorngrieß und eine Prise Salz auf die Arbeitsfläche geben, in der Mitte eine Mulde bilden, die Eier hineingeben. Mit einer Hand Eier und Grieß vermengen, mit der anderen Hand den restlichen Grieß mithilfe einer Teigkarte nach und nach zufügen. Das Wasser langsam dem Teig beigeben und weiterkneten, bis der Teig eine leicht bröselige, aber bindende Konsistenz erhält. Den Teig in Klarsichtfolie verpacken und zum Rasten für 2–5 Stunden in den Kühlschrank stellen.

Basisrezept für Vollkornravioli

Für 4 Personen als Hauptspeise

Zutaten

- 400 g Dinkelvollkorngrieß
- 3 ganze Eier (mittelgroß)
- $^{1}/_{16}$ l Wasser (an heißen Tagen etwas mehr, an feuchten Tagen entsprechend weniger)
- 1 Prise Salz

Zubereitung

Dinkelvollkorngrieß und eine Prise Salz auf die Arbeitsfläche verteilen, in der Mitte eine Mulde bilden, Eier hineingeben. Mit einer Hand Eier und Grieß vermengen, mit der anderen Hand den restlichen Grieß mithilfe einer Teigkarte nach und nach hinzufügen. Das Wasser langsam dem Teig beigeben und weiterkneten, bis der Teig eine leicht bröselige, aber bindende Konsistenz erhalt. Den Teig in Klarsichtfolie verpacken und zum Rasten für 2–5 Stunden in den Kühlschrank stellen.

Varianten: bunte, aromatisierte Pasta

Nudelteig lässt sich hervorragend einfärben oder mit diversen Geschmacksnoten und Aromen verfeinern. Die folgenden Zutaten eignen sich besonders gut zum Einfärben und Aromatisieren:

Safran

... verleiht der Pasta nicht nur eine wunderschöne gelbe Farbe, sondern bereichert auch durch einen charakteristischen Geschmack.

Zutaten

800 g Hartweizengrieß, 4 Eier, 1 Prise Salz. 1 g Safran mit $^{1}/_{8}$ l Wasser aufkochen, abkühlen lassen und zum Teig geben.

Spinat

... färbt die Pasta grün und hinterlässt einen signifikanten Spinatgeschmack.

Zutaten

800 g Hartweizengrieß, 2 Eier, Prise Salz, 4 gehäufte EL Blattspinat, $^{1}/_{8}$ l Wasser

Tipp

Handelsüblichen Tiefkühlspinat auftauen lassen, in ein Tuch geben und die überschüssige Flüssigkeit herauspressen. Spinat fein hacken und dem Teig beimengen.

Bärlauch

... färbt die Pasta grün und verleiht ihr zusätzlich ein zartes Knoblaucharoma.

Zutaten

800 g Hartweizengrieß, 2 Eier, 1 Prise Salz, 6 gehäufte EL Bärlauch, 1/8 l Wasser

> *Tipp*
>
> Durch Einfrieren vor der Verarbeitung behält der Bärlauch seine schöne Farbe, und sein Geschmack wird dadurch intensiviert.

Rucola

... färbt den Teig schön grün und sorgt für einen dezent nussigen Geschmack.

Zutaten

800 g Hartweizengrieß, 2 Eier, 1 Prise Salz, 6 gehäufte EL Rucola, 1/8 l Wasser

> *Tipp*
>
> Rucola vor der Verarbeitung einfrieren.

Kräuter

Zum Einfärben verwendet man ausschließlich frische Kräuter mit intensiver Grünfärbung wie Petersilie, Kerbel und Oregano. Andere Kräuter eignen sich weniger gut. Basilikum führt zum Beispiel zu einer Graufärbung des Teigs, und die ätherischen Öle von Thymian und Rosmarin kommen im Teig kaum zur Geltung.

Zutaten

800 g Hartweizengrieß, 2 Eier, 1 Prise Salz, 10 gehäufte EL frische Kräuter, 1/8 l Wasser

Tomate

Leicht geröstetes Tomatenmark hüllt den Teig in Rot und schenkt ihm seinen typischen Geschmack.

Zutaten

800 g Hartweizengrieß, 2 Eier, 1 Prise Salz, 4 gehäufte EL Tomatenmark, 1/8 l Wasser

Roter Paprika

... färbt den Teig rötlich und verleiht einen Hauch von Paprikaaroma. Zunächst Paprika braten, bis die Haut Blasen wirft und sich leicht ablösen lässt. Anschließend von den Kernen befreien und mit einem Stabmixer pürieren.

Zutaten

800 g Hartweizengrieß, 2 Eier, 1 Prise Salz, 6 gehäufte EL Paprikamark, 1/8 l Wasser

> *Tipp*
>
> Wer es scharf mag, kann die Aromen mit gehacktem Chili intensivieren.

Rote Rübe

... färbt den Teig intensiv rot.
Rote Rüben kochen, schälen, pürieren und mit dem Teig vermengen.

Zutaten

800 g Hartweizengrieß, 2 Eier, 1 Prise Salz, 4 gehäufte EL Rote-Rüben-Püree, 1/8 l Wasser

Rotwein

Rotwein auf ein Drittel der verwendeten Menge einkochen lassen, abkühlen und dann zum Teig geben.

Zutaten

800 g Hartweizengrieß, 4 Eier, 1 Prise Salz, ⅛ l Rotweinreduktion

Kakao

... kreiert eine leichte braune Färbung und einen zarten Schokoladengeschmack.

Zutaten

800 g Hartweizengrieß, 4 Eier, 1 Prise Salz, 5–6 gehäufte EL Kakao, ⅛ l Wasser

Tipp

Keine Schokolade verwenden, da der Fettgehalt zu hoch ist und der Teig dadurch nicht bindet.

Schwarze Oliven

... bewirken eine Schwarzfärbung des Teigs und einen zarten Olivengeschmack. Die kernlosen Oliven pürieren und zum Teig geben.

Zutaten

800 g Hartweizengrieß, 3 Eier, 1 Prise Salz, 5–6 EL Olivenpaste, ⅛ l Wasser

Nero di Sepia

... färbt den Teig tiefschwarz. Tintenfischtinte ist im Handel erhältlich. Der Geschmack erinnert annähernd an Fisch.

Zutaten

800 g Hartweizengrieß, 4 Eier, 1 Prise Salz, 1–2 EL Nero di Sepia, ⅛ l Wasser.

Apropos

Handschuhe verwenden!

Zubereitung

Hartweizengrieß und eine Prise Salz auf die Arbeitsfläche verteilen, in der Mitte eine Mulde bilden, die Eier und die jeweiligen Zutaten dazugeben. Mit einer Hand Eier und Grieß vermengen, mit der anderen Hand den restlichen Grieß mithilfe einer Teigkarte nach und nach hinzufügen. Das Wasser langsam beigeben und weiterkneten, bis der Teig eine leicht bröselige, aber bindende Konsistenz erhält.

Den Teig in Klarsichtfolie verpacken und zum Rasten für 2–5 Stunden in den Kühlschrank stellen.

Variante

Selbstverständlich funktionieren die Rezepturen auch, wenn Sie statt Hartweizengrieß Dinkelvollkorngrieß verwenden möchten.

Tipp

Natürlich können alle oben erwähnten Teige auch für Ravioli verwendet werden. Ravioliteig braucht allerdings etwas mehr Feuchtigkeit, daher ruhig mehr Wasser verwenden.

ALLGEMEINE TIPPS FÜR Nudelteige

Eier

Sind Eier in Ihrem Teig unerwünscht, können sie wahlweise einfach weggelassen werden: Fügen Sie jedoch stattdessen ¼ l mehr Wasser hinzu.

Eine Variante besteht darin, statt des ganzen Eis nur das Eigelb zu verwenden. Man sollte jedoch ein ganzes Ei und 8 Eigelb in den Teig einarbeiten.

Info

Je höher der Eianteil im Teig, desto höher die Gefahr der Oxidation. Dieses Phänomen erkennt man daran, dass an der Teigoberfläche schwarze Punkte auftreten. Um dies weitgehend zu verhindern, empfehle ich, den Teig – wenn möglich – sofort nach Zubereitung zu vakuumieren.

Kleine Helferlein

Spezielle Geräte für die Pastaherstellung sind zwar nicht unbedingt notwendig, können aber durchaus Zeit und Mühe sparen.

Wenn man ein Nudelholz verwendet, sollte dieses möglichst lang sein, um ein gleichmäßiges Ausrollen zu gewährleisten. Sorgen Sie dafür, dass Ihr Arbeitsbereich genügend Platz bietet und die Oberfläche eine glatte Beschaffenheit hat (Holz, Marmor).

Wer die „Nudelproduktion" etwas professioneller betreiben will, sollte die Anschaffung einer Nudelmaschine in Erwägung ziehen. Es gibt elektrische und mechanische Modelle, wobei letztere ausreichen. Je nachdem, für welches Modell Sie sich entscheiden, erfolgt auch die Endfertigung Ihrer Pasta. Grundsätzlich funktionieren alle Pastamaschinen nach demselben Prinzip. Detaillierte Beschreibungen über die richtige Verwendung der Maschinen liegen in der Regel bei (Gebrauchsanweisung). Zuerst muss die Maschine fest positioniert werden. Die meisten Modelle verfügen über Klemmen, mit deren Hilfe man das Gerät auf der Arbeitsplatte stabil befestigen kann. Der Teig wird dann in mehrere Stücke geschnitten, flach gedrückt und wenn nötig mit etwas Mehl bestreut. Danach durchquert er die Maschine zunächst auf der am breitesten eingestellten Stufe. Diesen Vorgang kann man 3- bis 5-mal wiederholen, wobei der Nudelteig jedes Mal zusammengelegt und abermals durch die Maschine gerollt wird. Es sollten keine Nudelreste an der Walze kleben bleiben. Je nach Konsistenz kann der Teig bemehlt oder befeuchtet werden. Wenn der Teig glatt und elastisch ist, muss er nicht gefaltet werden.
Als nächsten Schritt stellen Sie die Öffnung der Maschinenwalze um eine Stufe enger, ziehen den Teig durch und wiederholen den Vorgang so oft, bis Sie die gewünschte Stärke des Teigs erhalten. Wollen Sie geschnittene Pasta herstellen, müssen Sie einen Aufsatz mit den entsprechenden Schneidwalzen verwenden. Die geschnittene Pasta können Sie auf einem bemehlten Blech bis zur weiteren Verwendung zwischenlagern. Wollen Sie hingegen gefüllte Pasta herstellen, dann

legen Sie die ausgerollten Teigbahnen auf eine bemehlte Arbeitsfläche und schreiten zügig zur Endfertigung von Ravioli, Tortellini oder Cannelloni.

Weitere Helferlein zur gleichmäßigen Herstellung von Ravioli sind sogenannte Raviolibretter. Dies sind die eigentlichen Formen, auf die man eine Nudelbahn legt, mit Ei bestreicht, die Fülle in die entsprechende Ausbuchtung setzt, ein zweites Teigblatt darüberlegt und mit einem Nudelholz gegen die Form presst.

Es gibt auch sogenannte Raviolistempel. Zwei Teigbahnen inklusive Füllung werden übereinandergelegt und die Ravioli anschließend – ganz klassisch – ausgestochen.
Man kann dazu auch ein Glas, einen Keksausstecher oder Teigschneider verwenden.

Verfügt man über keine Pastamaschine, müssen die Nudeln per Hand geschnitten werden. Um dies schnell und einfach zu erledigen, wird die stark bemehlte Nudelbahn eingerollt und mit einem scharfen Messer in die entsprechenden Maßeinheiten unterteilt.

Ein viereckiges Profil haben die sogenannten Spaghetti alla Chitarra (Gitarrenspaghetti). Der Nudelteig wird bei ihrer Herstellung durch ein mit Saiten bespanntes Gerät gepresst.

Ein kleines Pasta-Abc

Diese keineswegs vollständige Auflistung verschiedener Pastaformen bietet einen Überblick über die gebräuchlichsten Sorten. Je nach Region und Hersteller können Name und Aussehen der Nudeln jedoch auch abweichen. Beim Selbstmachen sind Ihrer Fantasie natürlich ebenfalls keine Grenzen gesetzt!

A

Anelli . . . . Ringe
Anellini . . . . Ringlein

B

Ballerina
(Cresti di Gallo) . . Hahnenkämme
Bavette,
Bavettine . . . . schmale Bandnudeln
Bucatini . . . . dünne Hohlnudeln

C

Cannelloni . . . . . dicke Nudelröhren zum Füllen
Capelli d'Angelo lange Fadennudeln, Engelshaar
Cappelletti . . . . . (gefüllte) Hütchen
Caserecce . . . . . . s-förmig gedrehte Nudeln
Chifferi . . . . Hörnchen
Conchiglie . . . . . Muschelnudeln
Cotelli/Cavatappi Korkenzieher

D

Ditali . . . . Hütchen
Ditalini . . . . Fingerhütchen

F

Fagottini . . . . kleine gefüllte Teigtäschchen

Farfalle .... Schmetterlinge
Farfalline ...... kleine Schmetterlinge
Fettuccine ...... Bandnudeln (ca. 0,5 cm)
Fusilli .... Spiralen
Fusilli lunghi ... lange Spiralnudeln

G

Garganelli ...... kurze Röhrennudeln
Gnocchi sardi .. kleine Muschelnudeln

L

Lasagneblätter .. Nudelteigplatten
Linguine .... flach ausgerollte Spaghetti

M

Maccheroni .... lange Hohlnudeln
Maltagliati ..... „schlecht geschnittene“ Nudeln
Mezzelune ..... halbmondförmige Ravioli

O

Orecchiette ..... Öhrchen

P

Pappardelle .... breite Bandnudeln (ab 2 cm)
Pasta integrale .. Vollkornnudeln
Penne .... schräg abgeschnittene Röhren
Penne lisce ..... glatte Penne
Penne rigate .... geriffelte Penne
Pennette .... kleine Penne mit kurzer Garzeit
Pizzoccheri ..... Buchweizennudeln

R

Ravioli .... gefüllte Teigtaschen
Rigatoni .... dicke geriffelte Röhren
Risoni .... reiskornförmige Nudeln (Suppeneinlage)
Rotelle/Ruote ... Räder

S

Spaghetti ...... lange bis extralange, dünne Nudeln
Spaghettini .... sehr dünne Spaghetti
Spaghettoni .... dicke Spaghetti
Stringoli .... kurze Nudelröllchen

T

Tagliatelle ...... schmale Bandnudeln (0,8–1 cm)
Tortellini .... ringförmige, gefüllte Nudeltaschen
Tortelloni ...... große ringförmige, gefüllte Nudeltaschen
Tortiglioni ...... gerippte und gedrehte Hohlnudeln
Trinette .... schmale Bandnudeln mit Wellenrand

V

Vermicelli ...... schmale flache Spaghetti (Suppennudeln)

Z

Ziti/Zitoni dicke kurze Maccheroni

Nudel-
salate

Nudelsalat mit Pecorino, Melanzani & Pomodori secchi

Für 4 Personen

Zutaten

- 300 g Orecchiette
- 2 Melanzani
- 125 g Pomodori secchi
- 150 g Pecorino
- 3 EL Olivenöl
- 1 EL Butter
- Salz
- Weißer Pfeffer aus der Mühle
- 2 Handvoll Rucolasalat
- 2 Zweige Thymian
- Weißer Balsamicoessig
- 3 EL Walnüsse

Zubereitung

Zunächst einen (sehr) weichen Nudelteig zubereiten. Auf die Grundrezeptur kommt ein zusätzliches Ei, damit die Konsistenz des Teigs mit den bloßen Fingern gut formbar wird.

Nudelteig in fingerdicke Würste ausrollen und diese mit einem Messer in gleichmäßig feine Scheiben schneiden. Die Scheiben mit dem Daumen gegen die Arbeitsfläche drücken (leicht rollende Bewegung), sodass sich kleine Mulden bilden. Pasta in reichlich Salzwasser kochen (ca. 1–1 ½ Minuten), herausnehmen und auskühlen lassen. Anschließend mit Olivenöl beträufeln und gut durchmischen.

Melanzani in ca. 1 cm große Würfel schneiden und in einer Pfanne mit Olivenöl goldbraun braten, salzen, pfeffern, den Thymian und die in Streifen geschnittenen Pomodori secchi beigeben. Pfanneninhalt zu den Nudeln geben und durchmischen – wenn nötig, nochmals abschmecken und für ca. 1 ½ Stunden in den Kühlschrank stellen. Vor dem Anrichten Rucola, Pecorino und Nüsse zugeben und mit Balsamicoessig und Olivenöl marinieren.

Nudelsalat mit Bohnen, Chili & Pfirsich

Für 4 Personen

Zutaten

- 400 g Pappardelle
- 150 g rote Bohnen
- 6 Pfirsiche
- 3 Chilischoten
- 2 rote Zwiebeln, fein gewürfelt
- 1 Vanilleschote
- Salz
- Weißer Pfeffer aus der Mühle
- 1 Handvoll Minze
- 2 EL Olivenöl
- $\frac{1}{4}$ l Weißwein
- 1 EL Tomatenmark

Zubereitung

Pappardelle laut Grundrezept herstellen, in Salzwasser kochen (Dauer 1 Minute), in eine Schüssel geben, mit Olivenöl beträufeln und anschließend abkühlen lassen. Zwiebeln in Olivenöl anschwitzen, die Bohnen und das Tomatenmark dazugeben, farblos anrösten, in feine Streifen geschnittene Chilis dazugeben und mit Weißwein ablöschen. Die Vanilleschote längs halbieren und in den Sud geben. Pfirsiche entkernen, in Spalten schneiden, ebenfalls zu den Bohnen geben, 2–3 Minuten kochen, vom Feuer nehmen und auskühlen lassen. Die Pappardelle mit dem Bohnen-Pfirsich-Ragout vermischen, mit Salz und Pfeffer abschmecken und zum Schluss mit frischer Minze bestreuen.

Tipp

Scharfe italienische Salami passt hervorragend zu diesem Nudelsalat.

Nudelsalat mit Tomaten, Basilikum & Mozzarella

Für 4 Personen

Zutaten

- 500 g Orecchiette
- 300 g Cherrytomaten
- 200 g Büffelmozzarella (alternativ: Kuhmilch-mozzarella)
- 1 Handvoll frisches Basilikum
- 3 Schalotten
- 3 Knoblauchzehen
- 3 EL Olivenöl
- 1 EL Butter
- l Tomatensaft
- Salz
- Weißer Pfeffer aus der Mühle

Zubereitung

Zunächst einen (sehr) weichen Nudelteig zubereiten. Auf die Grundrezeptur ein Ei zusätzlich addieren, damit die Konsistenz des Teigs mit den bloßen Fingern gut formbar wird.

Nudelteig in fingerdicke Würste ausrollen und diese mit einem Messer in gleichmäßig feine Scheiben schneiden. Die Scheiben mit dem Daumen gegen die Arbeitsfläche drücken (leicht rollende Bewegung), sodass sich kleine Mulden bilden. Pasta in reichlich Salzwasser kochen (ca. 1–1 ½ Minuten), herausnehmen und auskühlen lassen. Anschließend mit Olivenöl beträufeln und gut durchmischen.

Olivenöl und die Butter in einer Pfanne erhitzen, fein geschnittene Schalotten und Knoblauch darin anschwitzen. Die halbierten Cherrytomaten beigeben, mit Tomatensaft aufgießen und (ca. 1 Minute) kochen lassen. Die abgekühlten Orecchiette mit der Soße vermengen, mit Salz und Pfeffer würzen und etwa 2 Stunden lang weiter durchkühlen lassen. Vor dem Anrichten mit gewürfeltem Mozzarella vermischen und zuletzt mit frischem Basilikum bestreuen.

Variante

Wer Fisch mag, kann den Salat zusätzlich mit Alici (kleine Sardellen) verfeinern.

Nudelsalat mit Mango, Curry & Rucola

Für 4 Personen

Zutaten

- 600 g gekochte Pasta (z. B. Casarecci)
- 4 EL Mayonnaise
- 250 g Sauerrahm
- 3 EL Currypulver
- 2 EL Mango-Chutney
- ½ reife Mango
- 5 EL Cashewnüsse
- ½ Chili, fein geschnitten
- 200 g Rucola
- Saft einer ½ Zitrone
- 2 EL Olivenöl
- Salz, weißer Pfeffer aus der Mühle

Zubereitung

Teig laut Grundrezept fertigen und zu dünnen Blättern ausrollen. Die Blätter in Quadrate schneiden und mithilfe eines Kochlöffelstiels von einem zum anderen Eck aufrollen. Enden kurz andrücken, Kochlöffel herausziehen und die Casarecci ein wenig antrocknen lassen. Anschließend in Salzwasser kochen (ca. 1 Minute), Wasser abgießen.

Die Pasta auf einer glatten Fläche (Teller, Platte) auskühlen lassen. Mit Olivenöl beträufeln und gelegentlich durchrühren.

Mayonnaise, Sauerrahm, Chutney, Chili und Curry verrühren, mit Salz und Pfeffer abschmecken und Cashewnüsse und die gewürfelte Mango beigeben. Mit den erkalteten Nudeln vermengen und etwa 2 Stunden im Kühlschrank abstellen.

Rucola mit Zitronensaft, Olivenöl und Salz marinieren, auf Teller verteilen und den Nudelsalat darauf anrichten.

Nudelsalat mit Spargel, Schinken & Schafkäse

Für 4 Personen

Zutaten

- 400 g Spaghetti (kurz, ca. 10 cm)
- 6 Stangen weißer Spargel
- 8 Stangen grüner Spargel
- 20 dag Beinschinken, in Streifen geschnitten
- 10 dag Schafkäse, gewürfelt
- 2 Zweige Estragon
- Saft von 2 Zitronen
- Salz
- Weißer Pfeffer aus der Mühle
- 1 EL Butter
- 2 EL Öl
- 1 Becher Sauerrahm
- 2 EL Mayonnaise

Zubereitung

Spaghetti laut Grundrezept herstellen, in Salzwasser kochen (ca. 1 Minute), in eine flache Schüssel geben, salzen, mit Olivenöl beträufeln und erkalten lassen. Den weißen Spargel schälen und in Salzwasser mit ½ Zitrone 3 Minuten kochen lassen und 1 EL Butter beigeben. Topf vom Herd nehmen und Spargel im Sud erkalten lassen. Grünen Spargel der Länge nach halbieren, jeweils in 4 Stücke schneiden und in Olivenöl goldbraun anbraten.

Sauerrahm und Mayonnaise in einer großen Schüssel verrühren, grünen und weißen Spargel zugeben, Schinken und Nudeln unterheben. Mit Salz und Pfeffer abschmecken und mit Zitronensaft verfeinern. Zum Schluss Schafkäse und Estragon darüberstreuen.

Tipp

Sollte der Nudelsalat zu kompakt sein, kann man ihn mit etwas Spargelfond in die gewünschte Konsistenz bringen.

Nudelsalat mit Thunfisch, Kapern & Oliven

Für 4 Personen

Zutaten

- 400 g Tagliatelle
- Ca. 400 g Thunfisch (aus der Dose)
- 1 kleines Glas Kapernbeeren
- 100 g grüne Oliven, kernlos
- 1 Bund Jungzwiebeln, in feine Ringe geschnitten
- 200 g Mayonnaise
- 3 EL Sauerrahm
- 3 hart gekochte Eier
- 1 TL grüne Pfefferkörner
- Salz
- Weißer Pfeffer aus der Mühle
- 1 mittelgroßer Radicchio, fein geschnitten

Zubereitung

Tagliatelle laut Grundrezept herstellen und in Salzwasser kochen (ca. 1 Minute). In einer großen Schüssel mit Olivenöl beträufelt erkalten lassen. Sauerrahm und Mayonnaise verrühren, den Thunfisch beigeben und gut durchmischen. Mit den restlichen Zutaten (außer dem Radicchio) vorsichtig vermengen, zuletzt Tagliatelle und Radicchio unterheben.

Tipp

Falls Ihnen Radicchio zu bitter sein sollte, können Sie auch Eisbergsalat verwenden.

Nudelsalat mit Flusskrebsen, Roten Rüben & Kren

Für 4 Personen

Zutaten

- 400 g Spaghetti
- 250 g Flusskrebse (ohne Schale)
- 2 mittelgroße Rote Rüben, gekocht, geschält und gewürfelt
- ¼ l Sauerrahm
- 3 EL Sahne, halbsteif geschlagen
- 1 Handvoll Kren, frisch gerieben
- 1 EL Kerbel, gehackt
- 1 EL Dill, gehackt
- 1 EL Petersilie, gehackt
- 1 TL Koriander, gestoßen
- Salz
- Weißer Pfeffer aus der Mühle

Zubereitung

Spaghetti laut Grundrezept herstellen, in Salzwasser kochen (1 Minute). In einer großen Schüssel mit Olivenöl beträufelt auskühlen lassen.

Sauerrahm und Sahne verrühren und die gehackten Kräuter, Koriander und Rote Rüben unterheben. Nudeln beigeben, mit Salz und Pfeffer abschmecken und den Salat für ca. 2 Stunden in den Kühlschrank stellen. Vor dem Anrichten mit den Flusskrebsen vermischen und mit Kren bestreuen.

Tipp

Den Salat kann man auf mit Essig und Öl mariniertem Eisbergsalat sehr schön anrichten.

Nudelsalat mit Huhn, Zucchini & Blattspinat

Für 4 Personen

Zutaten

- 400 g Spaghetti, geschnitten
- 250 g Hühnerbrust
- 1 mittelgroße Zucchini
- 100 g Blattspinat
- 2 EL Olivenöl
- 1 EL Butter
- 2 Schalotten
- 3 Knoblauchzehen
- 1 Zweig Thymian
- 3 EL Pinienkerne
- 1/16 l Weißwein
- 1/16 l Hühnersuppe
- 1/4 l Sahne
- Salz
- Weißer Pfeffer aus der Mühle
- 1 TL Paprikapulver

Zubereitung

Spaghetti laut Grundrezept herstellen. In Salzwasser kochen (ca. 1 Minute), herausheben und abkühlen lassen. Mit Olivenöl beträufeln und durchmischen.

Hühnerbrüste in feine Streifen schneiden, mit Salz, Pfeffer und Paprikapulver würzen und in Olivenöl und Butter kurz anbraten. Herausnehmen und in derselben Pfanne Zucchiniwürfel kurz schwenken. Fein geschnittene Schalotten und Knoblauch dazugeben, nochmals schwenken, salzen, pfeffern, mit Weißwein ablöschen und einkochen lassen. Hühnersuppe zugeben und ebenfalls einkochen lassen. Sahne hinzufügen und aufkochen lassen. Hühnerbrust wieder zurück in die Pfanne geben und abermals kurz aufkochen.

Das Ragout noch lauwarm mit den Nudeln vermischen, die rohen Blattspinatblätter beigeben und zuletzt mit gerösteten Pinienkernen bestreuen.

Vegetarische
Pasta

Spinatravioli (Ravioli di Magro) in brauner Butter

Für 4 Personen

Zutaten

- 400 g Ravioliteig
- 150 g Butter

Für die Fülle
- 150 g Ricotta
- 200 g Blattspinat
- 40 g Parmesan oder Pecorino, gerieben
- 3 Knoblauchzehen, fein geschnitten
- Muskatnuss, gerieben
- Salz
- Pfeffer aus der Mühle

Info

Spinatravioli sind die traditionellste Ravioli-Art in Italien.

Zubereitung

Ravioliteig laut Grundrezept herstellen.

Frischen Blattspinat (alternativ Tiefkühlspinat) blanchieren, in Eiswasser abschrecken und die überschüssige Flüssigkeit mittels eines Tuches herauspressen. Spinat fein hacken und mit Ricotta und Parmesan in eine Schüssel geben. Alles mit Salz, Pfeffer, geriebener Muskatnuss und Knoblauch würzen, gut verrühren und ca. 1 Stunde lang kalt stellen.

Ravioli in gewünschter Größe und Form zubereiten und in reichlich Salzwasser kochen (3 Minuten).

In der Zwischenzeit Butter in einer Pfanne erhitzen, bis die Molke verkocht ist. Sobald sie eine leicht nussig braune Farbe angenommen hat, Ravioli aus dem Wasser heben, in der Butter schwenken und mit Salz und frisch gemahlenem Pfeffer abschmecken. Sofort servieren.

Pappardelle mit Ragout von weißem & grünem Spargel

Für 4 Personen

Zutaten

- 800 g Pappardelle
- 8 dicke weiße Spargelstangen, geschält
- 12 grüne Spargelstangen, ungeschält
- 2 EL Butter
- 1 EL Olivenöl
- ¼ l Weißwein
- ¼ l Sahne
- ¼ l Kochwasser vom weißen Spargel (Spargelfond)
- 2 Schalotten, fein gehackt
- 2 EL frischer Estragon
- Salz
- Weißer Pfeffer aus der Mühle
- 4 EL geriebener Parmesan

Zubereitung

Pappardelle laut Grundrezept herstellen.

Weißen Spargel in leicht gesalzenem Wasser ca. 4 Minuten kochen und im Kochwasser auskühlen lassen. Fein geschnittene Schalotten in Butter farblos andünsten, mit Weißwein ablöschen und ca. auf die Hälfte einkochen lassen. ¼ l des Spargelfonds beigeben und nochmals auf die Hälfte reduzieren. Sahne beigeben und abermals auf die Hälfte einkochen lassen. Spargelstangen in 2–3 cm Abständen schräg schneiden und zur Soße geben.

Grünen Spargel der Länge nach halbieren und in einer Pfanne mit Olivenöl und Butter goldbraun rösten. Die in Salzwasser gekochten (ca. 1 Minute) Pappardelle in das weiße Spargelragout geben und nochmals erhitzen. Frischen Estragon beigeben, mit Salz und Pfeffer abschmecken und den gebratenen grünen Spargel dazugeben. Mit grob gehobeltem Parmesan bestreut servieren.

Linguini all'Olio e Peperoncini mit frischer Petersilie

Für 4 Personen

Zutaten

- 800 g Linguini
- 3 EL Olivenöl
- 5–6 Knoblauchzehen, mittelgroß
- 2–3 Peperoncini
- 1 Handvoll Petersilienblätter, grob gehackt
- Salz
- Weißer Pfeffer aus der Mühle

Zubereitung

Linguini laut Grundrezept herstellen.

Einen großen Topf mit Salzwasser zum Kochen bringen. Olivenöl in einer Pfanne erhitzen und Knoblauch darin leicht anrösten (aber nicht bräunen). Peperoncini dazugeben und Pfanne vom Herd nehmen. Linguini in das Kochwasser geben, nach 10 Sekunden vorsichtig durchrühren und nach weiteren 20 Sekunden direkt aus dem Wasser in die Pfanne geben. Alles nochmals zum Kochen bringen. Mit Salz und Pfeffer abschmecken und mit der frisch gehackten Petersilie bestreuen.

Tipp

Durch das Kochwasser wird die Soße sämiger: Nudeln daher nicht abtropfen lassen, sondern richtig „nass" in die Pfanne geben.

Info

Eines der einfachsten, aber zumeist falsch zubereiteten Pastagerichte.

Gorgonzola-Tortellini mit Pinienkernen & süßsaurem Treviso

Für 4 Personen

Zutaten

- 400 g Ravioliteig
- 1 mittelgroßer Treviso
- 3–4 EL Kristallzucker
- 1 EL Olivenöl
- 1 EL Butter
- 3 EL Balsamicoessig
- 1 TL Meersalz, grob
- 1 TL frischer Oregano
- 2 EL Pinienkerne

Fülle

- 200 g Dolce Latte oder Gorgonzola
- 100 g Ricotta
- 40 g Walnüsse, gehackt
- Weißer Pfeffer aus der Mühle
- Salz
- 1 EL frischer Oregano, gehackt

Zubereitung

Ravioliteig laut Grundrezept vorbereiten.

Gorgonzola, Ricotta, Walnüsse und Oregano vermischen, mit Salz und Pfeffer abschmecken und 1 Stunde im Kühlschrank rasten lassen.

Den vorbereiteten Teig mit der Masse füllen und zu Tortellini formen. Einen großen Topf mit Salzwasser zum Kochen bringen. Währenddessen eine Pfanne mit Olivenöl erhitzen, Zucker darin leicht karamellisieren lassen, Oregano und Pinienkerne beigeben. Treviso der Länge nach in 4 Teile schneiden und in die Pfanne geben. Etwas Butter kurz mitrösten, mit Balsamicoessig löschen und auf die Hälfte einkochen lassen. Tortellini in Salzwasser kochen (4 Minuten), herausnehmen und auf den karamellisierten Treviso setzen. Mit frischem Oregano und grobem Meersalz bestreuen.

Apropos

Sollten Sie keinen Trevisosalat bekommen, können Sie auch den artverwandten Radicchio verwenden.

Schafkäse-Basilikum-Cannelloni auf Tomatenragout

Für 4 Personen

Zutaten

- 500 g Ravioliteig
- 400 g Cherrytomaten
- 2 EL Olivenöl
- 2 Schalotten
- 4 Knoblauchzehen
- ¼ l Weißwein
- ¼ l Sahne
- Salz
- Weißer Pfeffer aus der Mühle

Fülle
- 250 g Feta-Käse
- 100 g Ricotta
- 1 Handvoll frische Basilikumblätter
- Salz
- Schwarzer Pfeffer, grob gemahlen

Zubereitung

Ravioliteig laut Grundrezept zubereiten.

Feta-Käse, Ricotta und fein geschnittenes Basilikum in einer Schüssel verrühren, mit Salz und Pfeffer abschmecken und 1 Stunde kalt stellen. Anschließend Cannelloni damit füllen und einrollen.

Cherrytomaten waschen und halbieren. Olivenöl in einer Pfanne erhitzen, Tomaten beigeben, geschnittene Schalotten und Knoblauch kurz mitschwenken. Alles mit Weißwein ablöschen und einkochen lassen. Sahne dazugeben, aufkochen lassen und mit Salz und Pfeffer abschmecken. Die Tomaten aus der Soße heben und über dem Boden einer feuerfesten Form verteilen. Cannelloni eng aneinander in die Form schichten, mit der Soße übergießen und mit geriebenem Schafkäse bestreuen.

Bei 180 °C 35 Minuten im Rohr überbacken.

Tagliatelle mit mediterranem Gemüse

Für 4 Personen

Zutaten

- 600 g Tagliatelle
- 4 mittelgroße Fleischtomaten
- 1 kleine Zucchini
- 1 kleine Melanzani
- 1 kleiner Fenchel
- ½ roter Paprika
- ½ gelber Paprika
- 3 Schalotten
- 4 Knoblauchzehen
- 2 Thymianzweige
- 3 EL Olivenöl
- 6–7 schwarze und grüne Oliven, entkernt
- 1 EL Tomatenmark
- ¼ l Gemüsefond (alternativ: Instant-Gemüsebrühe)

Zubereitung

Tagliatelle laut Grundrezept zubereiten.

Jedes Gemüse – nach Sorten – in gleichmäßige Würfel schneiden (nicht vermischen!). Olivenöl in einem Topf erhitzen, zuerst Fenchel dazugeben und durchrühren, danach gelbe und rote Paprikawürfel hinzufügen und kurz mitgaren. Zuletzt Zucchini und Melanzani unterrühren und ebenfalls weiterrösten.

Fein gehackte Schalotten und Knoblauchzehen beigeben, kurz durchrühren, Tomatenmark und Fleischtomaten hinzufügen, dann mit der Gemüsebrühe ablöschen. 4–5 Minuten kochen lassen. Gehackten Thymian dazugeben und mit den gekochten Tagliatelle (ca. 2 Minuten) vermischen. Mit geriebenem Parmesan und fein geschnittenen Oliven bestreuen und servieren.

Tipp

Anstelle von Parmesan kann man die Pasta auch mit geräuchertem Ricotta bestreuen.

Rote-Rüben-Ravioli auf Krenschaum

Für 4 Personen

Zutaten

- 400 g Ravioliteig
- $\frac{1}{4}$ l Weißwein
- $\frac{1}{4}$ l Gemüsebrühe
- $\frac{1}{4}$ l Sahne
- 1 Schalotte, fein gehackt
- 1 TL Weißweinessig
- 1 EL kalte Butter
- Salz
- Weißer Pfeffer aus der Mühle
- Frischer Kren, gerieben – je nach Geschmack und gewünschter Intensität
- Frischer Schnittlauch

Fülle
- 100 g Ricotta
- 250 g gekochte und geschälte Rote Rüben (Handschuhe empfohlen)
- Salz
- Pfeffer
- Etwas Zucker
- 50 g geriebener Mozzarella

Zubereitung

Ravioliteig laut Grundrezept zubereiten.

Rote Rüben mixen oder pürieren. Mit Ricotta, Salz, Pfeffer, Zucker und Mozzarella vermischen und die Masse 1 Stunde im Kühlschrank ruhen lassen. Den vorbereiteten Teig damit füllen und zu Ravioli verarbeiten.

Fein geschnittene Schalotten in Olivenöl farblos anschwitzen, mit Essig ablöschen und mit Weißwein auffüllen. Soßenansatz auf die Hälfte einkochen, Gemüsebrühe beigeben und nochmals auf die Hälfte reduzieren. In der Zwischenzeit Ravioli in Salzwasser kochen (3 Minuten) lassen. Sahne zur Soße gießen, einkochen lassen, mit kalter Butter aufmixen und frisch geriebenen Kren dazugeben. Ravioli in der Soße durchschwenken, mit Salz und Pfeffer abschmecken und mit Schnittlauch bestreut servieren.

Spaghetti mit Sellerieschaum und schwarzem Trüffel

Für 4 Personen

Zutaten

- 800 g Spaghetti
- 1 Sellerieknolle
- 3 Schalotten, fein geschnitten
- 1 schwarze oder weiße Trüffel
- ¼ l Prosecco
- ¼ l Milch
- ¼ l Sahne
- 2 EL Olivenöl
- 1 EL Butter
- Salz
- Weißer Pfeffer aus der Mühle

Zubereitung

Spaghetti laut Grundrezept zubereiten.

Sellerieknolle schälen und halbieren. Eine Hälfte in feine, die andere Hälfte in grobe Würfel schneiden. Olivenöl in einem Topf erhitzen, die groben Selleriewürfel beigeben und mit den Schalotten farblos anschwitzen lassen. Mit Prosecco ablöschen, auf die Hälfte reduzieren, mit Milch und Sahne wieder auffüllen und den Sellerie darin weich kochen. Mit dem Stabmixer pürieren, durch ein feines Sieb streichen und nochmals kurz aufkochen. Die fein geschnittenen Selleriewürfel dazugeben und mit Salz und Pfeffer abschmecken.

Spaghetti in Salzwasser kochen (1–2 Minuten) und sofort zur Soße geben. Mit Salz und Pfeffer abschmecken, nochmals aufkochen lassen und mit fein gehobeltem Trüffel bestreut servieren.

Fettuccine mit Artischocken, Pomodori secchi & Zucchini

Für 4 Personen

Zutaten

- 600 g Fettuccine
- 10 Artischockenherzen aus dem Glas oder der Dose
- 100 g Pomodori secchi
- 100 g Pecorino, gerieben
- 2 mittelgroße Zucchini
- 3 Schalotten
- 4 Knoblauchzehen
- Saft von 2 Orangen
- 3 EL Olivenöl
- Salz
- Weißer Pfeffer aus der Mühle
- 1 TL frischer Oregano
- 1 EL frische Petersilie

Zubereitung

Fettuccine laut Grundrezept zubereiten.

Artischockenherzen vierteln. Zucchini der Länge nach halbieren, Kerne entfernen und schräg in 1 cm dicke Streifen schneiden. Pomodori secchi halbieren. Olivenöl in einer Pfanne erhitzen, Artischocken und Zucchini kurz darin schwenken, fein geschnittene Schalotten und Knoblauchzehen beigeben und bei starker Hitze goldbraun rösten.

Pomodori secchi beifügen, mit dem Saft zweier Orangen ablöschen. Die Fettuccine kochen (ca. 1–2 Minuten) und untermischen. Mit Salz und weißem Pfeffer aus der Mühle abschmecken, mit frischem Oregano und gehackter Petersilie verfeinern.

Kartoffel-Lauch-Ravioli in Minzbutter

Für 4 Personen

Zutaten

- 400 g Ravioliteig
- 3 EL Butter
- 1 Handvoll frische Minzeblätter
- Salz
- Schwarzer Pfeffer aus der Mühle
- Geriebener Parmesan – nach Wunsch!

Fülle

- 400 g Kartoffeln, in der Schale gekocht
- 2 Eigelb
- 4 EL Parmesan oder Pecorino
- 1 Stange Lauch
- 2 Knoblauchzehen
- 2 EL Olivenöl
- 1 EL Butter

Zubereitung

Ravioliteig laut Grundrezept zubereiten.

Lauch der Länge nach schneiden. Olivenöl in einer Pfanne erhitzen, den Lauch darin schwenken, Butter beigeben und etwas dünsten lassen. Mit Salz und Pfeffer würzen, fein geschnittenen Knoblauch hinzufügen und rasch vom Herd nehmen. Die gekochten Kartoffeln schälen, durch eine Kartoffelpresse drücken, Eigelb dazugeben und mit Parmesan und dem ausgekühlten Lauch verrühren.

Anschließend mit Salz und Pfeffer abschmecken, den Teig damit füllen und zu Ravioli formen. Ravioli in Salzwasser kochen (3 Minuten). Butter in einer Pfanne bräunen und in Streifen geschnittene Minze beigeben. Die gekochten Ravioli kurz darin durchschwenken und nach Wunsch mit geriebenem Parmesan bestreut servieren.

Pasta mit
Fleisch, Speck
und Wurst

Spaghetti alla Carbonara

Für 4 Personen

Zutaten

- 800 g Spaghetti
- 150 g Pancetta (italienischer Bauchspeck)
- 150 g gekochter Beinschinken
- 3 Schalotten
- 2 kleine Knoblauchzehen
- ¼ l Sahne
- ¼ l Milch
- 6 Eigelb
- 100 g geriebener Parmesan
- 3 TL frischer Oregano
- 1 EL Olivenöl
- Salz
- Weißer Pfeffer

Zubereitung

Spaghetti laut Grundrezept herstellen.

Schinken und Speck in feine Streifen schneiden und in einer Pfanne mit wenig Olivenöl farblos anbraten. Die fein geschnittenen Schalotten und die Knoblauchzehen beifügen. Milch und Sahne mit dem Eigelb verrühren. Spaghetti in Salzwasser kochen (1 Minute) und in die Pfanne geben.
Mit dem Milch-Sahne-Ei-Gemisch übergießen und zu einer sämigen Konsistenz einkochen lassen.
Mit Salz, Pfeffer, Oregano und geriebenem Parmesan abschmecken.

Linguini al Sugo di Salsiccia

Für 4 Personen

Zutaten

- Fleisch
- 600 g Linguini
- 400 g Schweinsschopf (Schopfbraten)
- 2 EL Tomatenmark
- 1 EL Fenchelsamen
- 1 TL Kardamom
- ½ Sternanis
- ¼ l Rotwein
- Salz
- Pfeffer

Soße

- 300 g Pelati-Tomaten (Dose)
- ½ l Weißwein
- 4 Schalotten
- 2 Knoblauchzehen
- 100 g Erbsen
- 1 EL Zucker

Zubereitung

Schweinsschopf in 4 x 4 cm große Stücke schneiden, mit den oben angeführten Ingredienzien etwa 5–7 Tage im Kühlschrank durchziehen lassen und anschließend (mit der Marinade) faschieren.

Linguini laut Grundrezept herstellen.

Olivenöl in einem Topf erhitzen und das Fleisch darin anrösten. Fein geschnittene Schalotten beigeben, mit Weißwein ablöschen, Pelati-Tomaten zufügen, mit Salz und Pfeffer würzen und ca. 1 ½ bis 2 Stunden bei schwacher Hitze köcheln lassen. Mit Zucker und Knoblauch abschmecken, Erbsen dazugeben und mit der gekochten Pasta (Dauer 1–2 Minuten) vermischen.
Mit Chili oder Peperoncini kann man dem Gericht zusätzliche Würze verleihen.

Achtung

7 Tage Vorbereitungszeit!

Info

Nachdem es in Österreich sehr schwierig ist, frische Salsicce (italienische Rohwürste) zu kaufen, marinieren wir uns das Fleisch in diesem Fall selbst.

Kürbisravioli mit Speck und Salbei

Für 4 Personen

Zutaten

- 400 g Ravioliteig
- 200 g Pancetta (italienischer Bauchspeck)
- 10 Salbeiblätter
- 3 EL Olivenöl
- 1 EL Butter
- 2 EL Kürbiskerne

Fülle

- 1 kleiner Hokkaidokürbis
- 1 TL Zimt
- 2 Gewürznelken
- 2 EL Olivenöl
- 2 EL Kürbiskerne
- 3 EL Kürbiskernöl
- 100 g Ricotta
- 50 g Parmesan
- Salz
- Schwarzer Pfeffer, geschrotet

Zubereitung

Ravioliteig laut Grundrezept herstellen.

Kürbis vierteln, entkernen und auf ein Backblech legen. Mit Salz, Zimt und Gewürznelken bestreuen, mit Olivenöl beträufeln und bei 180 °C etwa 40 Minuten im Backrohr garen. Kürbis durch ein Sieb passieren, mit Ricotta, Parmesan, gehackten Kürbiskernen und Kürbiskernöl vermengen und mit Salz und Pfeffer abschmecken.
Anschließend Ravioli damit füllen und in Salzwasser kochen (2–3 Minuten). In der Zwischenzeit Olivenöl in einer Pfanne erhitzen, den Speck darin rösten und Salbeiblätter zugeben. Ravioli und Kürbiskerne in brauner Butter durchschwenken, salzen, pfeffern und mit Speck und Salbei anrichten.

Entenravioli mit geschmortem Preiselbeer-Rotkraut

Für 4 Personen

Zutaten

- 400 g Ravioliteig
- 1 mittelgroßer Rotkrautkopf
- 2 Zwiebeln
- 2 EL Entenfett (aus dem Rückstand der gebratenen Ente)
- 3 EL Preiselbeermarmelade
- ¼ l Orangensaft
- ⅛ l Rotwein
- ½ Zimtstange
- 3 Gewürznelken
- ½ Chilischote

Fülle

- 300 g gebratenes Entenfleisch
- 1 TL frischer Majoran
- 3 EL Mascarpone
- Salz
- Weißer Pfeffer aus der Mühle

Zubereitung

Ravioliteig laut Grundrezept herstellen.

Entenfleisch in gleichmäßige kleine Würfel schneiden, mit Mascarpone und Majoran verrühren und mit Salz und Pfeffer abschmecken.
Die Fülle im Kühlschrank kalt stellen.

Rotkraut halbieren, der Länge nach in fingerdicke Streifen und die Zwiebel in feine Spalten schneiden. Entenfett erhitzen, Zwiebel und Rotkraut beigeben und unter ständigem Rühren farblos rösten.
Mit Rotwein ablöschen, Orangensaft beigeben, Zimtstange, Chilischote und Gewürznelken dazugeben und zugedeckt bei mittlerer Hitze ca. 20 Minuten köcheln lassen. Zum Schluss die Preiselbeeren unterheben.
Mit der Entenfülle die Ravioli zubereiten und in Salzwasser kochen (3 Minuten).

Sollte vom Entenbraten etwas Bratensaft übrig geblieben sein, Ravioli darin schwenken und mit Rotkraut servieren.

Tipp

Dieses Rezept eignet sich auch hervorragend für die Verwertung von anderen Geflügelbratenresten.

Pappardelle mit Salami, Bohnen & Pomodori secchi

Für 4 Personen

Zutaten

- 600 g Pappardelle
- 200 g Borlotti-Bohnen
- 250 g Pelati-Tomaten
- 100 g Pomodori secchi
- 300 g Salami (vorzugsweise eine besonders würzige Sorte)
- 2 EL Olivenöl
- 1 Fenchel
- 1 große Zwiebel
- 4 Knoblauchzehen
- 3 Lorbeerblätter
- 1 Rosmarinzweig
- 1 Chilischote
- ¼ l Rotwein
- 1 Handvoll frische Basilikumblätter
- Salz
- Weißer Pfeffer aus der Mühle

Zubereitung

Pappardelle laut Grundrezept herstellen.

Fenchel und Zwiebel in feine Spalten schneiden und in einem heißen Topf mit Olivenöl anbraten. In grobe Scheiben geschnittene Salami dazugeben und alles gut anbraten. Chilischote kurz mitrösten, wieder herausnehmen, mit Rotwein ablöschen und mit gemixten Pelati-Tomaten auffüllen. Lorbeerblätter und Rosmarinzweig hinzugeben und alles bei mittlerer Hitze ca. 20 Minuten kochen lassen. Anschließend die Bohnen, Pomodori secchi und den fein geschnittenen Knoblauch zufügen.

Gekochte Pappardelle (ca. 2 Minuten) unterrühren und zuletzt mit Salz, weißem Pfeffer und frischem Basilikum nach Geschmack würzen.

Lasagne vom Kalb

Für 4 Personen

Zutaten

- 500 g Lasagneblätter
- 450 g Kalbfleisch, faschiert (Hackfleisch)
- 250 g Pelati-Tomaten
- 3–4 Schalotten
- 3 EL Tomatenmark
- 2 EL Olivenöl
- 2 TL frischer Thymian
- ¼ l Weißwein
- 2 Lorbeerblätter
- Salz
- Weißer Pfeffer
- ½ l Milch
- 60 g Butter
- 60 g glattes Mehl
- Salz
- Muskatnuss
- 100 g geriebener Parmesan

Zubereitung

Teig laut Grundrezept herstellen und in gleich große Blätter schneiden.

Olivenöl in einem Topf erhitzen und das Kalbfleisch darin anrösten. Fein geschnittene Schalotten und Tomatenmark beigeben, kurz durchrösten, mit Weißwein ablöschen, aufkochen lassen und die gemixten Pelati-Tomaten dazugeben. Mit Salz, Pfeffer und Oregano würzen und 1–1 ½ Stunden bei schwacher Hitze leicht köcheln lassen.

Für die Béchamelsoße handwarme Butter mit Mehl verkneten. Milch erhitzen und mit Salz und Muskat würzen. Mehl-Butter-Mischung unter ständigem Rühren – nach und nach – beigeben und weitere 1–2 Minuten kochen.

Eine feuerfeste Form hauchdünn mit Béchamel bestreichen, frische Lasagneblätter in Streifenform hineinlegen und mit Béchamel bestreichen. Sugo gleichmäßig verteilen und alles wieder mit einer Schicht Lasagneblätter belegen. Diesen Vorgang 2- bis 3-mal wiederholen, die letzte Schicht Lasagneblätter wieder mit Béchamel bestreichen, mit Parmesan bestreuen und im Backrohr bei 180 °C etwa 40 Minuten backen.

Prosciutto-Ravioli mit Trauben, Nüssen & Rosmarin

Für 4 Personen

Zutaten

- 400 g Ravioliteig
- 2 Handvoll weiße Trauben
- 1 Handvoll Walnüsse
- 1 Rosmarinzweig
- 2 EL Butter
- Salz
- Schwarzer Pfeffer aus der Mühle

Fülle

- 200 g Prosciutto
- 100 g Mascarpone
- 50 g Parmesan
- 5 Salbeiblätter
- Salz
- Weißer Pfeffer aus der Mühle

Zubereitung

Ravioliteig laut Grundrezept zubereiten.

Prosciutto auf ein Backblech legen und im Backrohr bei 180 °C 20 Minuten kross braten. Danach in einer Schüssel zerbröseln, mit Mascarpone, Parmesan und gehackten Salbeiblättern verrühren und mit Salz und Pfeffer abschmecken. Im Kühlschrank ca. 1 Stunde durchziehen lassen.

Vorbereiteten Teig füllen und zu Ravioli formen. Butter in einer Pfanne erhitzen, Trauben, Rosmarin und Nüsse beigeben und 1–2 Minuten köcheln lassen. Ravioli kochen (3 Minuten), zu den Trauben in die Pfanne geben, durchschwenken, salzen und pfeffern.

Linguini mit Tagliata & frischem Rucola

Für 4 Personen

Zutaten

- 500 g Linguini
- 300 g Rucola
- 3 EL Pinienkerne
- 2 Chilischoten
- 150 g gehobelter Parmesan
- Salz
- Weißer Pfeffer
- 400 g Beiried im Ganzen (Roastbeef)
- 2 EL Olivenöl
- Meersalz, grob
- Pfeffer, geschrotet
- 1 EL Butter

Zubereitung

Linguini laut Grundrezept herstellen.

Beiriedschnitte bei starker Hitze beidseitig anbraten, mit grobem Meersalz und geschrotetem Pfeffer würzen und bei 180 °C im vorgeheizten Rohr ca. 4 Minuten weiterbraten. Anschließend die Temperatur auf 90 °C zurückdrehen, den Ofen 2 Minuten auslüften lassen und das Fleisch in weiteren 15 Minuten fertig garen (medium rare).
Linguini in Salzwasser kochen (1 Minute). Halbierte Chilischoten, Pinienkerne und die Hälfte des Rucolas in einer Pfanne anbraten. Linguini dazugeben, durchschwenken, mit Salz und Pfeffer würzen und auf einen großen Teller geben. Mit dem restlichen Rucola bestreuen und Parmesan grob darüberhobeln.

Beiriedschnitte in gleichmäßige Scheiben schneiden (Tagliata) und auf der Pasta anrichten.

Tipp

Nach Belieben kann man das Gericht zusätzlich mit Balsamico-Glace marinieren. Dazu benötigt man dunklen Balsamicoessig und Kristallzucker zu gleichen Teilen. Beides einkochen lassen, bis eine honigähnliche Konsistenz entsteht. Danach mit einem Löffel gleichmäßige Linien über den Teller ziehen.

Hühnerleber-Ravioli auf Rotweinfeigen

Für 4 Personen

Zutaten

- 400 g Ravioliteig
- 8 frische Feigen
- 3/8 l Rotwein
- 3 EL Zucker
- 1 Zimtstange
- 1/2 Päckchen Vanillezucker
- 1 Msp. Cayennepfeffer
- 3 Salbeiblätter

Fülle

- 350 g Hühnerleber
- 3 Schalotten
- 2 Knoblauchzehen
- 1 TL frischer Majoran
- 1 TL Currypulver
- 2 cl Sherry
- 1 EL Olivenöl

Zubereitung

Ravioliteig laut Grundrezept zubereiten.

Olivenöl in einer Pfanne erhitzen, Hühnerleber, Schalotten und Knoblauch dazugeben und anrösten. Mit Curry und Majoran bestreuen und mit Sherry ablöschen. Alles für ca. 5 Minuten ins vorgeheizte Backrohr (ca. 140 °C) stellen. Danach abkühlen lassen.

Währenddessen Rotwein mit Zucker, Zimtstange, Vanillezucker, Cayennepfeffer und Salbeiblättern aufkochen lassen. Feigen am Stiel sternförmig einschneiden und in den kochenden Rotweinsud geben, 4–5 Minuten mitköcheln lassen, danach rasch vom Feuer nehmen.

Hühnerlebermasse in der Küchenmaschine fein pürieren. Ravioli damit füllen und formen. Ravioli in gesalzenem Wasser kochen (3 Minuten). Rotweinsud ohne Feigen nochmals erhitzen und auf die Hälfte einkochen lassen. Ravioli im Sud schwenken und mit den Feigen anrichten.

Tagliatelle mit Rehragout und Maroni

Für 4 Personen

Zutaten

- 600 g Tagliatelle
- 400 g Rehschulter, in feine Würfel geschnitten
- 2 Karotten
- ¼ Sellerie
- 5 Champignons
- 1 Zwiebel
- 2 EL Tomatenmark
- ½ l Rotwein
- 3 Wacholderbeeren
- 1 Thymianzweig
- 2 Lorbeerblätter
- 12 Maroni, gebraten, geschält
- 1 EL Olivenöl

Zubereitung

Tagliatelle laut Grundrezept zubereiten.

Olivenöl in einem Topf erhitzen. Rehfleisch darin anbraten, gewürfelte Karotten und Sellerie beigeben und alles gut anrösten. Anschließend Zwiebel hinzufügen, durchrühren, Tomatenmark unterheben, etwas anrösten, mit Rotwein ablöschen und aufkochen lassen.
Zerdrückte Wacholderbeeren, Lorbeerblätter und Thymian dazugeben. Mit Salz und Pfeffer würzen und bei mittlerer Hitze 1 ½ Stunden köcheln lassen.
Maroni und Champignons beigeben, nochmals abschmecken und anschließend mit gekochten Tagliatelle (ca. 1–2 Minuten) gut vermischen.

Pasta
mit Fisch,
Schalentieren
und Muscheln

Fettuccine mit Räucherforelle, Kapern & Kerbel

Für 4 Personen

Zutaten

- 600 g Fettuccine
- 350 g Räucherforelle
- 2 EL Kapern
- 1 Handvoll frischer Kerbel
- 1 EL Olivenöl
- 2 Schalotten
- ¼ l Weißwein
- ⅛ l Gemüsebrühe
- ¼ l Sahne
- Salz
- Pfeffer, geschrotet

Zubereitung

Fettuccine laut Grundrezept zubereiten.

Fein geschnittene Schalotten in Olivenöl anschwitzen, mit Weißwein ablöschen und auf die Hälfte einkochen lassen. Mit Gemüsebrühe auffüllen und nochmals auf die Hälfte reduzieren. Sahne beigeben und weiter einkochen lassen. Mit dem Stabmixer aufmixen, anschließend Kapern zufügen, geräucherte Forellenfilets grob mit den Fingern zerteilen und der Soße beigeben, mit Salz und Pfeffer abschmecken.
Die Fettuccine in Salzwasser kochen (1 Minute) und mit der Soße vermischen. Mit frischem Kerbel bestreut servieren.

Spargeltortellini mit lauwarmen Flusskrebsen

Für 4 Personen

Zutaten

- 400 g Ravioliteig
- 200 g Flusskrebse
- 250 g Cherrytomaten
- 1 Chilischote, fein geschnitten
- 1 EL Butter
- 1 Handvoll frischer Kerbel
- 3 Knoblauchzehen, fein geschnitten
- ¼ l Weißwein
- Saft einer ½ Zitrone
- 3 EL Olivenöl

Fülle

- 12 Stangen grüner Spargel
- 100 g Topfen (Quark)
- 50 g Parmesan
- 2 EL Butter
- 1 EL Olivenöl
- Salz
- Weißer Pfeffer

Zubereitung

Ravioliteig laut Grundrezept zubereiten.

Für die Fülle den Spargel schräg in feine Scheiben schneiden. In einer Pfanne mit Olivenöl und Butter leicht anbraten und mit Salz und Pfeffer würzen. Mit Topfen und Parmesan vermischen und im Kühlschrank 1 Stunde kalt stellen. Anschließend Tortellini damit füllen und formen.

Olivenöl in einer Pfanne erhitzen, fein geschnittene Schalotten, Chili und die Knoblauchzehen darin anbraten, Cherrytomaten dazugeben, mit Weißwein ablöschen und leicht einkochen lassen. Zuletzt Flusskrebse und Kerbel hinzugeben.
Die in Salzwasser gekochten Tortellini (ca. 4 Minuten) in die Soße geben, durchschwenken, mit Salz und Pfeffer abschmecken und servieren.

Spaghetti mit Bärlauch und Welswürfeln

Für 4 Personen

Zutaten

- 600 g Spaghetti
- 400 g Welsfilet
- 500 g Bärlauch
- 3 Schalotten
- ¼ l Weißwein
- ¼ l Sahne
- Salz
- Weißer Pfeffer aus der Mühle
- 2 EL Olivenöl
- 1 EL Butter
- 1 TL frischer Thymian
- Saft einer ½ Zitrone

Zubereitung

Spaghetti laut Grundrezept zubereiten.

Den Wels in 3 x 3 cm große Würfel schneiden. In einer heißen Pfanne mit dem Öl-Butter-Gemisch anbraten, mit Salz und Pfeffer würzen und mit Zitronensaft ablöschen, Thymian darüberstreuen und bei 90 °C ins vorgeheizte Backrohr geben. Währenddessen die fein geschnittenen Schalotten in Butter schwenken. Gewaschenen Bärlauch beigeben, mit Weißwein ablöschen und mit Sahne auffüllen, dann aufkochen lassen.

Spaghetti in Salzwasser kochen (1 Minute), mit Bärlauchsoße vermischen, auf einem Teller anrichten und die Welswürfel gleichmäßig darauf verteilen.

Räucherlachs-Ravioli auf Blattspinat mit Proseccoschaum

Für 4 Personen

Zutaten

- 400 g Ravioliteig
- 500 g Blattspinat
- 2 EL Butter
- 2 Schalotten
- 5 Knoblauchzehen
- ¼ l Sahne
- 3 EL Butter
- ¼ l Prosecco
- ⅛ l Gemüsebrühe

Fülle

- 200 g Räucherlachs
- 100 g gekochte Kartoffeln
- 2 EL Mascarpone
- Salz
- Weißer Pfeffer
- 1 EL gehackter Dill

Zubereitung

Ravioliteig laut Grundrezept zubereiten.

Die gekochten Kartoffeln mit einer Gabel zerdrücken und mit Mascarpone, Salz, Pfeffer und gehacktem Dill vermischen. Räucherlachs klein schneiden, unterrühren und die Masse etwa 1 Stunde im Kühlschrank kalt stellen. Danach Ravioli damit füllen bzw. formen.

Butter im Topf erhitzen, Schalotten und Knoblauch darin schwenken, frischen Blattspinat zufügen, mit Salz und Pfeffer würzen und vom Herd nehmen.

Prosecco in einer Kasserolle auf die Hälfte einkochen lassen und mit Gemüsebrühe auffüllen. Sahne hinzufügen und die Flüssigkeit wieder auf die Hälfte reduzieren lassen. Kurz vor dem Anrichten mit 1 EL Butter aufmixen. 1 EL Butter in der Pfanne erhitzen und die in Salzwasser gekochten Ravioli (3 Minuten) darin schwenken. Den Blattspinat als Sockel anrichten, Ravioli daraufsetzen und mit Proseccoschaum überziehen.

Linguini mit Scampi alla Busara

Für 4 Personen

Zutaten

- 600 g Spaghetti
- 12 mittelgroße Scampi
- 5 Schalotten
- 5 Knoblauchzehen
- 250 g Cherrytomaten
- 2 EL Olivenöl
- 2 EL Butter
- ½ l Weißwein
- Salz
- Weißer Pfeffer
- 1 Rosmarinzweig
- 1 Handvoll frische Petersilie

Zubereitung

Spaghetti laut Grundrezept zubereiten.

Scampi in der Schale der Länge nach halbieren. Mit der Schale nach unten in eine kalte Pfanne schichten und mit Salz, Pfeffer und Olivenöl würzen. Pfanne erhitzen, und sobald die Scampi zu braten beginnen, grob gehackte Schalotten und Knoblauchzehen darüberstreuen. Halbierte Cherrytomaten und Rosmarinzweig dazugeben, mit Weißwein ablöschen, nochmals aufkochen lassen und zugedeckt bei mäßiger Hitze ca. 1 Stunde leicht köcheln lassen.

Spaghetti in Salzwasser kochen (1 Minute) und mit der Soße vermischen. Zum Schluss mit gehackter Petersilie garnieren und, falls nötig, mit Salz und Pfeffer nachwürzen.

Tipp

In Italien ist es üblich, zuerst die Scampi zu verspeisen, dann die verbleibende Soße mit den Spaghetti zu vermischen und das Ganze als zweiten Gang zu genießen.

Pappardelle mit Miesmuscheln, Lachs & Lauch

Für 4 Personen

Zutaten

- 600 g Pappardelle
- 1 kg Miesmuscheln (mit Schale)
- 300 g Lachs
- 1 Stange Lauch, in feine Streifen geschnitten
- 150 g Rucola
- 5 Knoblauchzehen, fein geschnitten
- 3 Schalotten, fein geschnitten
- 3/8 l Weißwein
- 125 g Crème fraîche
- 4 EL Olivenöl
- Saft einer 1/2 Zitrone
- Salz
- Weißer Pfeffer aus der Mühle

Zubereitung

Pappardelle laut Grundrezept zubereiten.

Olivenöl in einem Topf erhitzen, Miesmuscheln hineingeben, zudecken und 3 Minuten auf höchster Stufe kochen, dabei ab und zu kurz umrühren. Lauch, Knoblauchzehen und Schalotten zugeben, durchrühren, mit Weißwein ablöschen und Crème fraîche unterrühren. Pappardelle in Salzwasser kochen (2 Minuten), zu den Muscheln geben und alles gut durchmischen.
Mit Salz und Pfeffer würzen und in einer großen Schüssel mit Rucola, Olivenöl, Salz und Zitronensaft marinieren. Anschließend den in dünne Streifen geschnittenen Lachs auf die Pappardelle legen und mit mariniertem Rucola garnieren.

Sellerie-Hummer-Ravioli in Tomaten-Chili-Butter

Für 4 Personen

Zutaten

- 400 g Ravioliteig
- 300 g Cherrytomaten
- 3 EL Butter
- 2 Chilischoten, fein gehackt
- 3 Schalotten
- 2 Knoblauchzehen
- ¼ l Weißwein
- 1 Handvoll frisches Basilikum
- Salz
- Weißer Pfeffer aus der Mühle

Fülle

- ¼ Sellerie
- 1 Hummer (ca. 360 g)
- 2 mittelgroße Kartoffeln
- 1 EL Butter
- Salz
- Weißer Pfeffer aus der Mühle

Zubereitung

Ravioliteig laut Grundrezept zubereiten.

Hummer 4 Minuten lang kochen und anschließend auskühlen lassen. Zuerst Schwanz vom Rumpf lösen, anbrechen und das Fleisch aus der Schale lösen. Scheren und Gelenke ebenso aufbrechen und das Fleisch herauslösen. Hummerfleisch würfeln und beiseitestellen.

Sellerie und Kartoffeln klein würfeln und in Salzwasser weich kochen. Kochwasser abgießen, 1 EL Butter dazugeben und pürieren, mit Salz und Pfeffer abschmecken. Hummerfleisch unter die Masse heben und Ravioli damit füllen bzw. formen.

Butter in einer Pfanne erhitzen, Cherrytomaten, Chili und Knoblauch beigeben, kurz durchrühren, mit Weißwein ablöschen und die in Salzwasser gekochten Hummerravioli (3 Minuten) darin schwenken.

Lasagne-Turm mit Branzino, Mangold & Roten Rüben

Für 4 Personen

Zutaten

- 300 g Lasagneblätter
- 4 Branzinofilets
- 300 g Mangold
- 1 große Rote Rübe, gekocht
- 4 EL Olivenöl
- 4 EL Butter
- Saft von 2 Zitronen
- ¼ l Weißwein
- 1 TL frischer Thymian
- 2 EL frisch geriebener Kren
- Salz
- Weißer Pfeffer

Zubereitung

Teig laut Grundrezept zubereiten und in gleich große Blätter schneiden.

Rote Rübe schälen (Handschuhe verwenden!) und in feine Scheiben schneiden. Mangoldblätter in Salzwasser blanchieren und anschließend im Eiswasser abschrecken. Aus den Lasagneblättern 20 Kreise mit einem Durchmesser von ca. 10 cm ausstechen.

Branzinofilets halbieren, in einem Öl-Butter-Gemisch auf der Hautseite braten, salzen, pfeffern, mit etwas Zitronensaft beträufeln und anschließend für 6 Minuten ins vorgeheizte Backrohr (90 °C) geben.

Rote Rüben in Butter braten, mit Salz und Pfeffer würzen und Mangoldblätter dazugeben. In der Zwischenzeit Weißwein in einer Kasserolle erhitzen und auf die Hälfte einkochen lassen. Zitronensaft dazugeben, mit 3 EL Butter aufmixen und mit Thymian, Salz und Pfeffer abschmecken.

Nudelblätter in Salzwasser kochen (1 Minute), vom Herd nehmen und im Kochwasser „zwischenlagern" (das Wasser darf nicht mehr kochen!). 4 Teller bereitstellen und jeweils ein Nudelblatt darauflegen. Anschließend jeweils Mangold, Nudelblatt, eine Scheibe Rote Rübe, frischen Kren, wieder ein Nudelblatt usw. aufeinanderschichten und mit einem Branzinofilet abschließen. Mit Zitronenschaum beträufelt servieren.

Chili-Thunfisch-Ravioli mit gebratenem Paprika-Jungzwiebel-Gemüse

Für 4 Personen

Zutaten

- 400 g Ravioliteig
- 1 roter Paprika
- 1 gelber Paprika
- 8 Jungzwiebeln
- 2 Knoblauchzehen
- 2 EL Olivenöl
- 1 EL Butter
- 1 TL Paprikapulver
- 200 g Crème fraîche
- ¼ l Weißwein
- Salz
- Weißer Pfeffer aus der Mühle
- 1 TL frischer Thymian

Fülle
- 200 g Thunfisch aus der Dose
- 100 g Ricotta
- 2 Chilischoten, fein geschnitten
- Salz
- Weißer Pfeffer aus der Mühle
- 1 Handvoll Petersilie, gehackt
- Saft einer ½ Zitrone

Zubereitung

Ravioliteig laut Grundrezept herstellen.

Thunfisch mit Ricotta, Chilischoten und Petersilie verrühren. Salzen, pfeffern, mit Zitronensaft abschmecken und für etwa 1 Stunde in den Kühlschrank geben. Anschließend Ravioli damit füllen bzw. formen.

Paprika in Spalten schneiden und den weißen Teil der Jungzwiebeln der Länge nach vierteln. Olivenöl in einer Pfanne erhitzen, Paprika darin anbraten, Jungzwiebeln dazugeben und mitbraten. Paprikapulver zugeben, mit Weißwein ablöschen und etwas einkochen lassen. Crème fraîche unterrühren und mit Salz, weißem Pfeffer und Knoblauch abschmecken. Ravioli in Salzwasser kochen (3 Minuten), auf das Paprika-Jungzwiebel-Gemüse setzen und servieren.

Zanderravioli auf Gurkengemüse

Für 4 Personen

Zutaten

- 400 g Ravioliteig
- 2 Gurken, geschält
- 250 g Sauerrahm
- 3 Knoblauchzehen
- 1 Handvoll Dill, gehackt
- 1 TL gestoßener Koriander (Mörser verwenden!)
- Salz
- Weißer Pfeffer aus der Mühle

Fülle

- 250 g Zanderfilet
- 3 Eiweiß
- 100 g Sahne
- 100 g Crème fraîche
- Salz
- Weißer Pfeffer aus der Mühle
- 2 cl Wermut

Zubereitung

Ravioliteig laut Grundrezept zubereiten.

Für die Fülle kalte Zanderfilets in kleine Stücke schneiden und im Cutter mit Wermut und Eiweiß mixen. Sahne und Crème fraîche nach und nach beigeben, mit Salz und Pfeffer abschmecken und die Masse 1 Stunde im Kühlschrank kalt stellen. Anschließend die Ravioli damit füllen bzw. formen.

Gurke mit einem Gemüseschäler der Länge nach in feine Streifen schneiden, mit Salz marinieren, nach ca. 5 Minuten gut auspressen und mit Dill, Koriander, Knoblauch und Sauerrahm vermengen. Ravioli in Salzwasser kochen (3 Minuten). Butter in einer Pfanne zerlassen, Ravioli darin schwenken, auf das Gurkengemüse setzen und sofort servieren.

Rezepte von A - Z

Inhalt

Neustattalm, ein kleines Hüttendorf vor den ebenso mächtigen wie auch sonnigen Dachstein-Südwänden

Ich versuche hier mit Kuhmilch und Almspaziergängen der Seele eine gewisse Kindlichkeit wiederzugewinnen und habe bereits einen geradezu dichterischen Grad von Imbezillität erreicht, der mir das kritische Verständnis meiner Zeitgenossen sehr erleichtern wird. Es grüßt herzlich
Ihr Muh-Muhsil.

ROBERT MUSIL AN ARNE LAURIN, 17. JULI 1921

KROSS GEBRATENE ZWIEBELN AUF GOLDGELBEN, VON BUTTER GLÄNZENDEN SPATZELN. DER KÄSE ZIEHT FÄDEN. DIE GABEL KENNT IHREN WEG. ZUNGE UND GAUMEN GLUCKSEN VOR FREUDE.

So könnte es sein, das Essen auf der Alm. Oder auch so: Heidelbeeren, noch warm von der Sonne, landen mit Mehl, Eiern, einer Prise Salz und etwas Zucker in einer Rührschüssel und dann Löffel für Löffel in heißem Fett. Eine kleine Explosion: die Beeren platzen auf, das Aroma eines Bergsommers setzt sich frei. Dazu ein Glas Milch, Buttermilch oder Molke. Wer mag, rührt noch etwas Holundersirup hinein. Oder doch ein Bier? Die Müdigkeit macht träge, allein die Augen finden keine Ruhe. Sie ziehen über die Weiden zu den Rindern, die auf den Wiesen grasen, und weiter in die Regionen von Fels, Stein und Eis. Dohlen kreisen über der Hütte, das Wasser plätschert im Brunnen. So könnte das Glück aussehen.

Was auf den Almen auf den Teller kommt, ist nichts für Kalorien- und Erbsenzähler. Es sind Gerichte, die den Heißhunger nach einem harten Arbeitstag oder einer ausgiebigen Wanderung schmackhaft bändigen. Wer Häuser und Straßen hinter sich gelassen hat und durch dichte Wälder bergwärts steigt, passiert einen unsichtbaren Schlagbalken. Über der Baumgrenze verwandelt sich der Blick. Der Alltag bleibt unten im Tal, die Grate, Zacken und Zinnen relativieren, was festgefahren scheint. Das Muhen der Kühe, Robert Musil weiß es, wirft uns zurück in die Kindheit. Die Unbefangenheit ist wieder da, und mit ihr das Gefühl der Zwanglosigkeit und Freiheit.

Die Sinne sind geschärft: Die kühle Luft, die intensiven Farben der Blüten, der Geruch der Kräuter, der Klang der Kuhglocken, das Rauschen des Bachs und das Poltern der Steine, die Ziegen und Schafe losgetreten haben, schüren die Lust auf Speisen ohne Schnörkel. Stosuppe, Kaskrapfen und Schwammerlgulasch, Melchermuas, ein Schmarren mit Holunderkompott oder Preiselbeeren, Topfenknödel oder ein Rahmkoch. Keine Haute Cuisine und eben darum ein selten gewordener Hochgenuss.

Spargel aus Peru, Babyananas von den Philippinen, Lamm aus Neuseeland. Nichts scheint unmöglich. Inzwischen kehren Gaumen und Vernunft aus fernsten Fernen immer öfter ins Regionale heim: Provinz ist längst anderswo. Wir wissen inzwischen, was es bedeutet, sich gesund zu ernähren. Zurück zum Ursprung, wie es einer der Slogans unserer Tage formuliert, mit sorgfältig behandelten Lebensmitteln aus dem eigenen Garten, vom nahegelegenen Bauernhof oder dem Markt. Jedenfalls aber Naturalien, die keine Flug- oder Schiffsreisen hinter sich haben und in jenen Breiten gewachsen und verarbeitet worden sind, in denen sie schließlich auch in Pfannen und Töpfen braten, schmoren und schmurgeln.

Die Speisezettel auf den Almen beschränken sich aufs Wesentliche: Milchprodukte wie Käse, Butter, Joghurt und Molke, Kartoffeln und Gemüse, das je nach Höhenlage hinter der Hütte gedeiht, Pilze und Beeren, in den umliegenden Wäldern und Lichtungen gesammelt. Dazu Quellwasser, Milch, Säfte und Tees aus Kräutern. Wenig Fleisch, und dafür einiges an Speck. Schlichte Mahlzeiten, mit wenigen Zutaten. Aber natürlich: ziemlich gehaltvoll, nicht unbedingt magenschonend, keine Figurschmeichler. Doch die körperliche Ertüchtigung auf den Weiden, im Stall, beim Wandern oder Mountainbiken verzeiht Sünden – so es welche sind.

Denn darüber lässt es sich streiten. Für die Rinder, Schafe und Ziegen wirkt die Sommerfrische wie eine Kur: Die höhere UV-Strahlung stärkt die Knochen, die dünnere Luft regt die Atmung an, Lunge und Herz werden kräftiger, die Anzahl der roten Blutkörperchen steigt. Das Herumklettern festigt Muskeln, Sehnen und Gelenke, Wind und Wetter stärken das Immunsystem, würzige Gräser und Kräuter auf den Weiden sorgen für ein feinfaseriges, gut marmoriertes Bio-Fleisch. Die solcherart gewonnene Milch ist reich an Vitaminen, Mineralstoffen, Eiweiß und Kalzium und enthält wertvolle Omega-3-Fettsäuren. Entsprechend wirkt sie beim Menschen positiv auf Abwehrkräfte, Blutdruck oder Gefäße, ist gut bei Asthma und Entzündungen und gilt als anti-karzinogen. Und was nicht weniger wichtig ist fürs Wohlbefinden: Die einfache Alm-Kost schmeckt.

Typische Almküche im
Naturpark Kleinsölk in den
Schladminger Tauern.

Die meisten Hütten sind heute mit dem Traktor oder Auto zu erreichen, zumindest für die Betreiber. Es gibt Stromaggregate, Kühlschränke und Kochplatten samt Backrohren. Und oft auch falsche Vorstellungen in Sachen Gaumen. Mozzarella mit Tomate, Weißwürste oder Zigeunerspieß: Muss das sein? Die Gäste sind häufig enttäuscht. Die Menütafeln auf den Almen werden laufend umfangreicher – und das Bedauern wächst, dass die kulinarischen Traditionen langsam in Vergessenheit geraten. Sie gilt es zu bewahren und in den Alltag zurückzuholen.

Gerichte mit selbstgepflückten Beeren, Pilzen und Kräutern, mit Graukas, Speck und Butterschmalz erinnern zuhause an selige Zeiten über der Waldgrenze und schüren die Vorfreude auf die nächste Expedition in Regionen, wo ganz eigene Abenteuer warten. Rucksack und Bergschuhe stehen bereit. Die Rezepte weisen den Weg.

1

Auf der Ennstaler Viehbergalm lebt und kocht man wie ehedem.

Lieben oder lassen

Mit Freude und Stolz präsentiert uns Tina Sachs einen perfekt geformten Ennstaler Steirerkas.

A zwoa, a drei Krapfen und a Kasbröckl drauf, is auf der Ritzingerhütte allweil der Brauch.

Marianne Gruber beim Anrühren der Teigmasse für die Zubereitung der „Roggernen Krapfen".

ES GEHT GANZ SCHNELL. WOLKEN SCHIEBEN SICH VOR DIE SONNE. NICHT WEITER BEUNRUHIGEND. DOCH WENIG SPÄTER IST DER HIMMEL SCHWARZ. EIN DONNERN IST ZU hören, vorerst aus der Ferne. Besser, man beschleunigt den Schritt. Ein kurzer Blick auf die Karte: Das nächste schützende Dach ist knappe achtzig Höhenmeter entfernt. Dicke Tropfen machen keine großen Versprechungen, im Gegenteil: Die Blitze folgen immer rascher aufeinander, ein kräftiger Schauer klatscht auf die Pelerine. Die Augen suchen sich zu orientieren, der hastige Anstieg schmerzt in den Lungen. Und dann endlich – eine Hochebene, und an ihrem Rand die Ritzingerhütte. Verwitterte Balken, kleine Fenster, Tisch und Bank vor der Tür. Ist überhaupt jemand da? Aus einem der Schornsteine steigt Rauch: gerettet! Nun kann kommen, was will: Wolkenbruch, ein Unwetter, ein Hagelsturm.

Tina bei einer genüsslichen Mußestunde in der alten Stube der Ritzingerhütte.

Ritzingerhütte

Mit den Jahren ist die Ritzingerhütte zu einem wesentlichen ökonomischen Standbein für die Grubers und ihren Bio-Hof im Gröbminger Ortsteil Winkl geworden. Die Familie hat die Hütte aufgestockt, eine Sennerei eingerichtet und den einstigen Kälbertrempel zu einfachen Zimmern ausgebaut. Die acht Gästebetten gehören zu den vorsichtigen Neuerungen, die Marianne zugelassen hat. Ansonsten will sie den Almbetrieb so führen, wie sie es von ihren Eltern und Großeltern gelernt hat. Marianne ist auf einem Bauernhof aufgewachsen, die Familie hat die Starnalm oberhalb der Ramsau mit ihrem Vieh belegt. Eine einsame Hütte, drei Stunden Fußmarsch waren nichts Besonderes. Schon als Kind ist Marianne vom Tal heraufgestiegen, um die Sennerinnen und Hirten mit Brot, Mehl und Eiern zu versorgen. Bei ihnen hat sie gegessen, was auf den Tisch kam. Spaghetti waren nicht dabei.

Mehl, Salz, Zucker, Brot, dazu Malzkaffee, schwarzer Tee und eine Flasche Schnaps und etwas Zimt, Kümmel und Lorbeerblatt – sehr viel mehr fand nicht Platz in den Kisten, die man früher mit auf die Alm transportierte. Wenn es gut ging, war ein Kanten Speck mit dabei, für die ersten Tage, da man noch keine Butter hatte, und ein paar Eier, in Kalk gelagert, um sie länger haltbar zu machen. So nicht ohnehin ein paar Hühner mit übersiedelten. Und natürlich die Schweine: An sie verfütterte man die Molke, die beim Käsen abfiel.

Alle anderen Lebensmittel wurden vor Ort selbst produziert oder angebaut, hauptsächlich Butter und Käse und je nach Standort und Klima auch Kartoffeln, Zwiebeln und Salat. In den Wäldern sammelte man Beeren und Pilze. Holzknechte brachten gelegentlich eine Forelle aus einem der Gebirgsbäche vorbei, und wer freundschaftlich mit den Jägern umging, dem flog ab und zu ein Stück Wild in die Pfanne: ein Rebhuhn oder ein Fasan, eine Rehleber oder ein Stück vom Hirsch. Seltene Delikatessen, eingehandelt im Tausch gegen etwas Käse oder einen Riegel Butter. Wenn sich Besuch anmeldete, gab´s ebenfalls einen Kanten Käse oder einen Tee – beides im Rahmen der Gastfreundschaft. Nur für den Schnaps oder den selbst angesetzten Likör nahmen die Sennerinnen Geld und verdienten sich damit ein Zubrot.

Ganz so wie ehedem hält es Marianne Gruber nicht mehr, obwohl ihr die Gebräuche von damals am Herzen liegen. Sie führt ihre Alm gemeinsam mit Praktikantinnen, die sie einweiht in die Kunst des Käsemachens und der überlieferten Küche. Tina Sachs, eine Lehrerin aus dem bayrischen Laufen, steht schon kurz vor dem Diplom. Die beiden Frauen sind berühmt für ihre Schmankerln. „Traditionen sind mir wichtig", erklärt Marianne. „Die Sennerinnen müssen ein Gefühl dafür entwickeln, was es heißt, hier zu leben. Ich möchte dieses Erbe für künftige Generationen bewahren." Entsprechend achtet sie auf den Speiseplan. Bauer Matthias schickt neben dem Jungvieh zwei Milchkühe auf die Alm. Die Butter stellt Marianne selbst her und dazu den lokaltypischen Steirerkas: Saure Magermilch wird in Kupferkesseln aufgekocht, der Kasbruch mit einem Leinentuch eingefangen und die Molke herausgepresst. Die solcherart entstandene Masse, die man mit Salz, Pfeffer und Kümmel würzt, wird in eine Kegelstumpfform gedrückt und vier Wochen lang gereift: ein grau-blau schimmernder, äußerst würziger Käse. „Fast wie ein Gorgonzola", so Marianne Gruber. „Unser Steirerkas ist etwas milder, wir übertreiben es nicht. Sonst schmeckt er nur den Einheimischen und ist unseren Gästen zu scharf."

Auf der Ritzingerhütte bröselt man den Steirerkas aufs Butterbrot und über Suppen. Für die Kasnockerln oder Kaspressknödel wird er mit Bergkäse vermischt: „Das macht sie etwas milder und doch pikant." Marianne verrät Tipps und Tricks. Die Ingredienzien ihres Almkaffees aber sind streng geheim. Zimt, Vanille Rum – und doch noch ein Ei und etwas von den Nelken?
Bei sonstigen Rezepten ist die Köchin gesprächiger. Wohl deshalb, weil sie weiß, dass vieles ohnehin nur auf der Alm so herrlich mundet. Die Steirerkaskrapfen zum Beispiel, ihre Spezialität. „Daheim traut sich ja fast niemand dran, sonst stinkt dann die ganze Küche nach dem Fett. Am besten werden sie ohnehin, wenn sie auf einem mit Holz befeuerten Herd gebacken werden wie dem meinen."

Übung macht den Meister.
Es dauert eine Weile bis man den richtigen „Foschtl", das richtige Gespür zum Krapfenmachen bekommt.

Übung macht die Meisterin. „Wir nehmen dafür das Roggenmehl", erläutert Marianne. Ein Glaubensbekenntnis? Die Ennstaler Katholiken verwendeten Roggenmehl für ihre Krapfen, die Protestanten den Weizen. „Bei mir auf der Alm praktizieren wir die Ökumene", so Marianne verschmitzt. Sie greift zum Roggen, weil er in der Region sehr verbreitet ist. Mehl und Milch mit Salz zu einem Teig kneten, der zu einer Rolle geformt und mit einem Spatel in Stückchen geschnitten und dünn ausgewalzt wird. „Am besten nur hochwertiges Pflanzenöl verwenden", empfiehlt sie, während das Fett in der Eisenpfanne heiß wird. „Die Temperatur muss stimmen. Es sollte ein bissl rauchen. Jetzt die Fladen ins Öl gleiten lassen. Da zischt es ordentlich. Dann werden die Krapfen einmal gewendet und rausgenommen. Den Feuerlöscher habe ich dabei immer in der Nähe: Wenn etwas Öl vom Pfannenrand ins Feuer spritzt, ist ein Unglück schnell geschehen."

Nach dem Abtropfen lagern die Krapfen in einer Schüssel aus Zirbenholz. Der Deckel sorgt dafür, dass sie nicht austrocknen. Das Holz gibt die Feuchtigkeit ab, die es braucht, damit die Krapfen weich bleiben. Nur so lassen sie sich mit dem Steirerkas belegen und zusammenrollen. Verkostet werden sie mit Sauerkraut. „An solchen Krapfen isst man sich nie satt. Und: Bevor man sie nicht richtig hinbringt, darf man nicht heiraten", lacht Marianne. Eine der zahlreichen Alm-Weisheiten.

Frisch serviert schmeckt es am besten.

Noch etwas Staubzucker, dann sind die frischen Almraunggerl fertig.

Auch die „Woazernen Krapfen“ gelingen meist erst nach vielen Versuchen: die süße Variante aus Germteig, mit Marillenmarmelade serviert. Und natürlich muss man ausgiebig üben, bis einem die Fedlkrapfen und die Almraunggerln leicht von der Hand gehen. Sie werden nur zum Almfest am zweiten Samstag im Juli und zum Almabtrieb gebacken, mit besonders guten Zutaten: Butter und Rahm und gleich mehrere Eier. Eine Leckerei für die Musikanten, die bis in den Abend hinein aufspielen. Und natürlich der Dank an Freunde und Verwandte, die Marianne den Sommer über unterstützen.

Ohne Tinas Hilfe wäre das Tagwerk nicht zu schaffen. „Wir stehen um fünf Uhr auf, feuern den Ofen an und gehen in den Stall zum Melken“, erzählt Marianne. „Etwa dreißig Stück Jungvieh sind zu betreuen, dazu die Milchkühe. Zweimal in der Woche machen wir Käse oder Butter.“ Um acht muss die Arbeit in der Sennerei beendet sein, dann warten die Übernachtungsgäste aufs Frühstück: Brot, Butter, Käse und Marmelade, dazu Tee, Kaffee oder Kakao. „Den Speck kaufen wir im Bauernladen zu. Bei uns am Hof ist die Schweinezucht nicht so verbreitet, weil wir zu wenig Getreide haben.“ In vergangenen Zeiten, so Marianne, stand schon morgens eine Pfanne mit Mus am Herd. Das war schwere Kost, die Kraft gab und über Stunden satt hielt: Weizenmehl wurde etwas gesalzen, anschließend mit Wasser abgebrannt und zu einem mittelfesten Teig geknetet. Davon hat man kleine Batzen ins heiße Fett geworfen. „Das haben die Hirten und Waldknechte gerne gehabt, weil dafür nur einfachste Zutaten nötig waren. Man hat das Mus mit Waldbeeren, Äpfeln und Birnen verfeinert, ab und zu mit Schwammerln.“ Zu gehaltvoll für den Magen von heute, wie Marianne befindet.

Sobald die Kostgänger abgezogen sind, müssen die Zimmer geputzt und die Betten frisch bezogen werden. Gegen elf Uhr, wenn die ersten Radler und Wanderer eintreffen, stehen die Krapfen in der Zirbenschüssel bereit. Hochbetrieb für die Küche. Im Laufe des Nachmittags nimmt Marianne die neuen Logiergäste in Empfang. Abends löffeln sie die Kas-Speck-Nockerln gemeinsam aus der eisernen Pfanne. „Hier oben will eh keiner mit Messer und Gabel essen. Ob Akademiker oder nicht, das ist mir egal, bei mir sind alle gleich." Gelebte Demokratie. Um 22 Uhr ist Hüttenruhe, das gilt für jede und jeden, ausnahmslos. Spätestens jetzt fallen Marianne und Tina müde ins Bett.

Selbst bei Regenwetter sind die beiden Sennerinnen nicht untätig. Da gilt es die Vorräte aufzustocken. „Wir machen unsere Säfte selber", erklärt Marianne. „Coca-Cola gibt´s bei mir nur, wenn jemand einen Kreislaufkollaps hat. Ansonsten biete ich Säfte aus Holunderblüten, Zitronenmelisse, Rosen oder Lavendel an." Unter den Fenstern stehen große Gläser in der Sonne, ähnlich auf den Regalen in der Küche. Arnika und Zirbenzapfen sind in Schnaps angesetzt, Johanniskraut in Olivenöl: Hausmittel für die Zeit, in der die Winternächte vor Kälte klirren.

Der Alltag auf der Ritzingerhütte ist keineswegs so romantisch, wie manche meinen. Und trotzdem möchte Marianne mit niemandem tauschen. Der Umgang miteinander ist feiner und aufmerksamer als unten im Tal, so ihre Erfahrung. „Bei mir sind die Leute zufrieden, wenn sie überhaupt etwas zu essen kriegen. Sie bestimmen nicht, was sie möchten, sondern sind dankbar für jedes Stück Brot und jede Eierspeise, die ich ihnen auf den Tisch stelle." Verkehrte Welt. Marianne ist froh, dass die Viehbergalm nicht von Bussen angelaufen werden kann. Nur wer zu Fuß heraufgekommen ist, mit dem Rucksack am Buckel, ist frei, um sich zu öffnen: für einen Tratsch mit der Sennerin und den Kälbern, für Kaspressknödel, Krapfen und Nockerln. Lasst es euch schmecken. Es ist genug da. Genug Alm für alle.

Marianne und Tina, ein perfekt eingespieltes Team.

Rezept von
Marianne Gruber
von der Ritzingerhütte/
Viehbergalm

Ennstaler Roggenkrapfen mit Steirerkas

1 kg	Roggenmehl Type 960
3 KL	Salz
750 ml	Milch
	Fett zum Herausbacken
	Steirerkas
	Sauerkraut

Aus Mehl, Salz und Milch einen Teig kneten. Diesen zu einer Rolle formen und mit einem Spatel oder Messer in kleine Stücke schneiden: Auf diese Weise sollen etwa 24 Krapfen herauskommen. Diese Stücke dünn zu Fladen ausrollen und in heißem Fett herausbacken. Abtropfen lassen, mit Steirerkas füllen und einrollen. Mit Sauerkraut servieren.
Die Ennstaler Krapfen kann man warm oder auch kalt essen.

Die Ennstaler Roggenkrapfen werden auch „katholische" Krapfen genannt. An den schattseitigen Hängen des Ennstals gedieh der Roggen besonders gut. In der sehr viel sonnigeren Ramsau hingegen, wo die Lehren Luthers auf besonders fruchtbaren Boden fielen, reifte auch Weizen. Daher nennt man die etwas feineren, aus einem Germteig mit Weizenmehl hergestellten Krapfen, die „evangelischen".

Du herzigs Dian
Du bift mei Seligk

Steirische Stosuppe

½ l	Buttermilch oder saure Milch
40–50 g	Mehl
1–2 TL	Kümmel
2–3	vorgekochte Erdäpfel
	Schnittlauch
	Salz
½ l	Wasser

Die Buttermilch oder saure Milch mit dem Mehl fein verrühren und gut 20 Minuten lang stehenlassen. Wasser mit Salz und Kümmel würzen und aufkochen. Die Milch-Mehl-Mischung unter Rühren langsam dazugeben und kurz mitkochen lassen. Zerdrückte Erdäpfel hinzufügen und erhitzen. Den Topf von der Kochstelle nehmen, das Gericht kurz durchziehen lassen, nochmals abschmecken und mit Schnittlauch bestreut servieren.

Stosuppe wurde auf den Almen und Bauernhöfen zum Frühstück gegessen. Der Name kommt aus dem mittelhochdeutschen „stouwen" für stocken und verweist auf die geronnene bzw. gestockte Milch.

Riebel

50–60 g	Butterschmalz
ca. ½ l	Milch
1 Prise	Salz
150 g	grober Weizen-, Hafer- oder Maisgrieß
100 g	Butter oder Schmalz
50 g	Rosinen
1 Tasse	heiße Milch, Zucker

Milch mit einer Prise Salz aufkochen und darin das Butterschmalz zergehen lassen. Den Grieß langsam hineinrühren und auf niedriger Stufe so lange weiterkochen, bis sich der Brei vom Topfrand löst. Zwischendurch immer wieder umrühren. Auskühlen lassen. In einer Pfanne die Butter oder das Schmalz erhitzen und den fest gewordenen Grieß löffelweise dazugeben. Den in kleinere Stücke zerpflückten Schmarren unter beständigem Wenden in ca. 30 bis 40 Minuten backen. Der Riebel sollte schön knusprig-bröselig sein. Etwa 10 Minuten vor Ende des Backens die Rosinen dazugeben und zuletzt noch eine Tasse heiße Milch untermischen. Nach Belieben zuckern.

Der Riebel, auch Stopfer, Pflutta oder Brösel genannt, wurde früher gerne zum Frühstück gegessen, dazu trank man Kaffee oder Tee. In Vorarlberg fast schon ein Nationalgericht. Man begegnet ihm auch in Tirol, dort oft als Riebler.

Farferlsuppe

300 g	Mehl
2	Eier
	Salz
	Wasser
1	große Zwiebel
100 g	Butterschmalz
1 l	kräftige Suppe (Brühe)
	Schnittlauch

Mehl mit Eiern, einigen Esslöffeln kaltem Wasser und Salz abrühren, bis bröselige Farferln, also kleine Mehlbrocken, entstehen. Die Zwiebel schälen, in Ringe schneiden und in heißem Butterschmalz hellbraun rösten. Die trockenen Farferln dazugeben und kurz mitrösten. Mit der Fleischsuppe aufgießen und unter Rühren aufkochen lassen. Abschmecken und mit Schnittlauch bestreut servieren.

Die Farferlsuppe ist eine schnell herzustellende Suppe, die in den österreichischen Almregionen unter mehreren Namen zu finden ist: Frigele-, Ribele- oder auch Wirelesuppe. Sie sei so schnell fertig, wie ein Rabe für seinen Flug über das Hausdach brauche, heißt es. Man bekommt sie auch als „Milchfarferlnsuppe": Sie wird dann mit Milch aufgegossen und mit brauner Butter verfeinert.

Tiroler Muas

1 l	Milch
1 l	Wasser
	Salz
125 g	Mehl
125 g	Weizengrieß
½ l	Milch
40 g	Butter
	Zucker & Zimt (zum Bestreuen)

Milch und Wasser aufkochen lassen, beim ersten Aufwallen salzen und etwas kaltes Wasser nachgießen, damit die Milch ruhig wird. Nun langsam das in kalter Milch verrührte Mehl und den Weizengrieß hineinrühren. Das Mus einmal aufkochen lassen, dann mit schwacher Hitze unter Rühren dick einkochen. Die restliche Milch gut einrühren und wieder dick einkochen lassen. Ist das „Muas" fertig, stellt man die Pfanne beiseite und deckt sie zu, wodurch die Oberfläche des Breis etwas abtrocknet.
Vor dem Anrichten werden kleine Butterflöckchen über die Oberfläche verteilt und das „Muas" je nach Geschmack mit Zucker und Zimt bestreut.

Wer mag, isst Preiselbeerkompott zum Muas oder rührt Heidelbeeren, auch Schwarz- oder Moosbeeren genannt, dazu. Ein vom Vortag übriggebliebenes Muas wird am nächsten Tag gerne in Butter abgeröstet, eine Art Schmarren, auch Schmanggerl genannt.
Das Tiroler Muas war bei den meisten Tiroler Bauernfamilien das „klassische" Frühstück und auch auf der Alm sehr beliebt. Man löffelte es direkt aus der Pfanne.

Brennsuppe

60 g	Mehl
40 g	Butter
1½ l	Wasser
	Salz
	Kümmel, Lorbeerblatt
	evtl. Sträußchen Petersilie

Mehl trocken hellbraun rösten und dann die Butter zugeben und weiterrühren, bis das Fett vom Mehl aufgesaugt ist. Den Topf vom Herd ziehen, langsam und unter Rühren etwas kaltes Wasser zugießen, die Knöllchen zerdrücken und verrühren, das restliche Wasser zugießen und versprudeln.

Mit Salz, Kümmel und Lorbeerblatt würzen – man kann auch Petersilie dazugeben – und mindestens eine halbe Stunde kochen lassen. Eventuell kann man auch noch einen Spritzer Essig und ein versprudeltes Ei dazugeben.

Oischneidnidei

nach Art des Krimmler Tauernhauses

8	mittelgroße Kartoffeln
400 g	glattes Mehl
2	Eier
4 Prisen	Salz
	Muskatnuss
150 g	Butterschmalz zum Herausbacken
	Sauerkraut

Kartoffeln fein reiben, alle Zutaten daruntermischen und zu einem mittelfesten Teig verarbeiten. Teig in Scheiben schneiden und diese auf einem bemehlten Brett händisch fingerdick ausrollen. In eineinhalb Zentimeter lange Stücke schneiden („oischneidn") und im Butterschmalz bei mittlerer Hitze goldbraun braten. Mit Sauerkraut anrichten.

Tiroler Speckknödel

250 g	Knödelbrot
	Salz
schwach ¼ l	Milch
2–3	Eier
100 g	Speck
150 g	geräucherte Wurst oder Selchfleisch
30 g	Butter
½	Zwiebel
	Petersilie
	Schnittlauch
3 EL	Mehl
	Fleischsuppe oder Wasser

Knödelbrot salzen. Die Milch mit den Eiern versprudeln, über das Brot gießen, leicht unterziehen, zudecken und ½ Stunde stehen lassen. Den Speck sehr fein schneiden und ausbraten. Weiche Selchwurst klein schneiden und ausbraten, harte Wurst wiegen und direkt zum Brot geben. Die würfelig geschnittene, in Butter angeröstete Zwiebel und die geschnittenen Kräuter beifügen. Das Mehl drüberstreuen, gut unterziehen und zusammendrücken. Die Masse sollte eher fest sein, aber nicht schmieren. Mit nassen Händen 8 bis 12 gleich große Knödel formen und gut drehen. Wenn alle Knödel am Brett liegen, gibt man einen Knödel zur Probe in die leicht kochende Suppe oder in das Salzwasser und lässt ihn ca. 12 Minuten kochen. Der gekochte Probeknödel sollte außen glatt sein und innen eine lockere Masse aufweisen. Ist der Knödel zu weich, gibt man etwas Mehl dazu und drückt beim Formen fester an. Zu feste Knödel können mit Eiermilch gelockert werden.

Nach altem Tiroler Brauch wird der erste Knödel in der Suppe serviert, den zweiten isst man zu Sauerkraut, Rübenkraut oder Salat.

Schottsuppe

2 Scheiben	Schwarzbrot
250 g	Schotten
1 l	Wasser
	Kümmel
	Salz
1/8 l	Rahm
	Schnittlauch

Das Schwarzbrot würfeln und in die Suppenteller geben. Schotten mit kochendem Wasser übergießen. Mit Salz und Kümmel würzen und alles gut verquirlen. Die Suppe zwei bis drei Minuten ziehen lassen, danach mit Rahm verfeinern, nochmals kurz erhitzen und über das Brot gießen. Die Suppe mit Schnittlauch bestreuen.

Der Schotten ist eine Spezialität aus dem steirischen Ennstal. Er wird aus Buttermilch hergestellt, die in einem Topf unter stetem Rühren aufgekocht wird. Danach nimmt man den Topf vom Herd, gibt etwas warmes Wasser dazu und lässt das Ganze stehen, bis sich der Schotten am Topfboden abgesetzt hat. Nun spannt man ein Leinentuch über einen Topf, seiht die Molke ab und kann den Schotten weiter verarbeiten.

Melchermuas

auch Schwingermuas genannt

150 g	Butter
200 g	Mehl
ca. ¾ l	Milch
1 schwacher KL	Salz
ca. 100 g	Butter

Butter in einem Kochtopf zergehen lassen, das Mehl darin so lange rühren, bis das Fett aufgesaugt ist. Die Milch einrühren, bis ein glatter, dicker Teig entstanden ist, dann salzen. Das Muas sollte so fest sein, dass ein Löffel drin steckenbleibt.

In einer zweiten Pfanne, am besten in einer Eisenpfanne oder einer beschichteten Pfanne, reichlich Butter zergehen lassen. Das Koch hineingeben, etwas andrücken und fest schwenken. Es darf nicht ankleben und soll unten dennoch braun werden. Dann ein Stück Butter auf das Muas geben und so schwingen, dass die untere Seite nach oben kommt, und nun wieder goldgelb bräunen. Der Vorgang kann wiederholt werden, damit das ganze Muas schön prinzig ist, wie es in Tirol heißt: Es soll von einer Kruste umgeben sein. (Von diesem Schwingen kommt auch der Name Schwingermuas.)

Das Melchermuas wird mit Zucker betreut und mit Preiselbeermarmelade gegessen.

Schwammerlsuppe

300 g	gemischte Schwammerln
80 gr	Butter
1	große Zwiebel
1/2 l	Suppe
	Salz, Pfeffer, Muskat
2 EL	Mehl
200 ml	Rahm
	Petersilie zum Bestreuen

Die Zwiebel fein würfeln und in Butter anlaufen lassen. Geputzte Schwammerln dazugeben und kurz dünsten. Mit der Suppe aufgießen, würzen und zehn Minuten köcheln lassen. Mit dem Mehl binden und den Rahm dazugeben und vor dem Servieren mit Petersilie bestreuen.

Gebackene Steinpilze mit Kräutersauce

	500 g	Steinpilze
		Salz
	2 EL	Mehl
	100 g	Semmelbrösel
	2	Eier
		Butterschmalz
Kräutersauce	50–60 g	gemischte Kräuter
	250 g	Sauerrahm
		Zitronensaft
		Salz
		Pfeffer

Für die Sauce die Kräuter waschen, trocknen und fein hacken. Anschließend mit Sauerrahm und Zitronensaft vermischen und mit Salz und Pfeffer abschmecken. Pilze putzen und dann Stiele und Kappen in dicke Scheiben schneiden und salzen. Mehl und Brösel in zwei getrennte Teller geben. Die Eier in einem tiefen Teller verschlagen. Steinpilze zuerst im Mehl, dann in den Eiern und zuletzt in den Bröseln wenden. In heißem Butterschmalz schwimmend herausbacken und auf Küchenpapier abtropfen lassen. Mit der Kräutersauce servieren.

Gegen Herbst hin wird dieses Gericht sehr gern mit Parasol-Pilzen zubereitet.

2

In den Käsekammern des Bregenzerwalds lagern die Schätze des Almsommers.

Reiben bürsten drehen

I däät gäära bim Ässa schtoo, wänn i bim Schaffa ligga chönnt.

ICH WÜRDE GERN BEIM ESSEN STEHEN,
WENN ICH BEIM ARBEITEN LIEGEN KÖNNTE.
SPRICHWORT AUS VORARLBERG

GESUNDE, KRÄFTIGE ZÄHNE. DIE SIND WICHTIG. WER SENNER WERDEN WILL, BRAUCHT EIN STARKES GEBISS. JEDEN VORMITTAG, SO GEGEN ZEHN, MACHT SICH JOSEF SCHWÄRZLER bereit für ein akrobatisch anmutendes Kunststück. Er stellt sich breitbeinig vor den Kupferkessel, in dem der Käsebruch schwimmt: Nur nicht stolpern, denn was nun ansteht, erfordert Bodenhaftung. Josef wickelt eine Seite eines großen Leinentuchs ein paar Zentimeter weit um einen biegsamen Stahlstab und legt ihn quer über den Bottich. Die beiden anderen Zipfel verschwinden in seinem Mund. Jetzt heißt es ordentlich zubeißen und nicht loslassen, denn Josef greift sich den Stab und taucht ihn tief in den Kessel, um eine Ladung Bruchkörner im Tuch einzufangen. Oder um es genauer zu sagen: eine Masse von etwa fünfundzwanzig bis fünfunddreißig Kilogramm. Ein Kraftakt.
Da müssen die Zähne fest sitzen.

Sie tun´s. Josef Schwärzlers Zahnarzt hat da wenig zu beanstanden. Und überhaupt: Einen Mann wie Josef kann nichts so schnell umhauen. Ein stämmiger Kerl, mit muskulösen Armen und einem beherzten Händedruck. Blaue Augen, ein verschmitzter Blick, ein loses Mundwerk. Und immer ein Grinsen im Gesicht. Josef redet gern, und wenn es um seine Leidenschaft geht, das Käsen, dann erst recht. Seit vierzehn Jahren betreibt er die Sennerei auf der Alpe Gerisgschwend, die seit vielen Generationen im Besitz der Familie ist.

Eine schmale Straße läuft von Hittisau im Bregenzerwald hinauf Richtung Balderschwang und Allgäu. Kurz vor der Grenze zu Deutschland liegt die Alpe der Schwärzlers. Ein behäbiges Wälderhaus, überraschend stattlich für eine Almwirtschaft. Wände und Dach mit Schindeln bedeckt, hell gestrichene Fensterrahmen, grüne Läden. Auf den Fensterbrettern blühen rote Geranien. Gleich hinter dem Eingang ein geräumiger Gang und die Tür zur Sennerei: Josefs Stolz, sein Königreich.

Milch zu verarbeiten ist ein altes Handwerk, das Energie, Gefühl und Geduld erfordert – und Erfahrung. Die frühesten Aufzeichnungen über die Herstellung von Käse stammen aus dem 4. Jahrhundert v. Chr., als ein sumerischer Bauer auf einer Tontafel notierte, er habe dreißig Kilo Käse erzeugt.

Nach Vorarlberg kam er mit den Römern. Lange Zeit waren die Klöster wichtigste Produzenten, ehe auch die Bauern bei den Mönchen in die Lehre gingen. Besonders der Bregenzerwald gilt bis heute als Käsekammer Österreichs. Sie ist gut bestückt: Mehr als dreitausend Tonnen Bergkäse ist die Ausbeute eines Jahres. Wie viele Laibe das wohl sind, wie viele Käsebrote, wie viele Teller mit Käsespätzle oder sämiger Suppe? Kaum mehr auszudenken, Zählen zwecklos. Vierzehn Kilogramm Käse essen wir jährlich – im Bregenzerwald sind es deutlich mehr.

Das stattliche Alphaus der Familie Schwärzler wird nur während der Sommermonate bewohnt und bewirtschaftet.

Gemeinsam mit seiner Frau und den beiden Kindern verbringt Josef Schwärzler die Sommermonate auf der Alp.

„Kein Tag ohne", so Josef. Er hat das Käsemachen in den Genen. Der Hof der Schwärzlers gehört zu Lingenau, einem 1400-Seelen-Dorf zwischen Hittisau und Egg. Elf Kilometer östlich des Ortes erstrecken sich die Wiesen der Alpe Gerisgschwend, beschirmt von Wäldern und Hügeln. Die Gipfel und Zinnen des Hochgebirges haben sich zurückgezogen, die Weite des Tals lässt die sanfteren Landstriche Bayerns und des Allgäus erahnen. Kühe und Kälber haben einen Auslauf ohne Absturzgefahr: die ideale Sommerfrische.
Am 21. Mai wird aufgetrieben. Selbstverständlich zu Fuß und nicht mit Hilfe von Traktoren und Anhängern. Zwei Stunden sind Josef und seine Helfer mit ihren vierzig Rindern unterwegs, um diese von ihrem Hof in Lingenau nach Gerisgschwend zu treiben, ohne Halt auf einer der Vorsäßen, die für die meisten Vorarlberger Bauern Zwischenstationen sind auf dem Weg nach oben. Wenn sich auf den Hochalmen hartnäckige Schneereste halten, übersiedeln sie mit ihrem Vieh auf niedriger gelegene Almdörfer. Dort grasen die Tiere, bis die Wiesen oberhalb der Waldgrenze grün geworden sind. Im September, wenn sich die Vegetation zurückzieht, kehrt man auf die Vorsäß zurück, ehe man die Ställe im Tal belegt: Reste der einstmals nomadischen Weidewirtschaft, wie man sie im Alemannischen pflegt.

Für die Schwärzlers ist das keine Option, denn Gerisgschwend liegt auf tausend Metern über dem Meer. In dieser Höhenlage ist das Vieh ab Mitte Mai ausreichend mit frischem Gras versorgt. Wenn sich die Schwärzlers mit ihren Rindern, Ziegen, Schweinen und Hühnern auf der Alpe eingerichtet haben, beginnt das sommerliche Tagwerk. Gegen fünf Uhr morgens werden die Kühe gemolken und in die Freiheit der Wiesen entlassen. Kurz darauf betritt Josef die Sennerei, mit einer weißen Plastikschürze und frisch geschrubbten Händen. Auch der Boden wird in den folgenden Stunden regelmäßig abgespritzt. Ohne Hygiene kein brauchbarer Käse.

Wenn die Abendmilch entrahmt ist und die Buttermaschine läuft, wird unter dem Kupferkessel mit Fichten- oder Buchenscheiten aus dem eigenen Wald ein Feuer entfacht. Die achthundertfünfzig Liter Milch, die Josef seinen

Kühen verdankt, werden im Kessel auf 31,5° Celsius erwärmt, ehe er das Lab, pulverisiertes Kälberenzym also, zusetzt. Dann gönnt er sich eine Pause. Seine Frau Claudia ruft zum Frühstück. Unter der Woche serviert sie einen Riebel, in Vorarlberg auch Stopfer, Pflutta oder Brösel genannt: ein Grieß-schmarren, zu Kaffee und Milch aus der Pfanne gelöffelt. Die ganze Familie sitzt um den Tisch: Josef und Claudia und ihre drei Kinder, dazu die Großeltern Maria und Josef senior. Man bespricht, was ansteht. Was nicht nur bierernst abgehandelt wird. Josefs scharfe Zunge ist ziemlich ungezügelt, sein Mutter-witz hat alles und jeden im Visier.

Im Keller werden die Schätze der Familie Schwärzler gelagert.

Bis vor Kurzem hatte er zusätzlich noch den Sig oder Gsig im Programm, die berühmte Bregenzerwälder Schokolade. „Sehr aufwändig zu fabrizieren", wie er klagt, eine rare Delikatesse. Dafür wird die Molke vom Eiweiß getrennt und unter Rühren eingekocht. Nach etwa fünf Stunden setzt man Butter, Zucker und Rahm zu und rührt stetig weiter, bis der Brei hellbraun geworden ist und karamellisiert. Während er abkühlt, formt man kleine Laibchen und presst sie in einen Holzmodel. Dann ist der Sig zur Verkostung bereit: schmeckt fein wie Karamell, mit einem leichten Stich ins Salzige. Wunderbar auf einem Butterbrot oder pur.

„Wenn ich Glück habe, verwöhnt mich meine Schwester mit Sig", so Josef. Eine Kindheitserinnerung, der Geschmack der Almsommer von dereinst: als sich die Zeiger der Uhren noch langsamer bewegten und die

Wochen und Monate gemächlich dahinzogen. Heute wird Josef so ein Tag oft zu kurz. In ihm steckt die sprichwörtliche Vorarlberger Schaffenskraft. Wenn sich die Familie zum Abendessen trifft, ist er hundemüde. Gegen 22.00 Uhr liegen alle Schwärzlers im Bett. Und wovon träumt man als Senner?
Von Almwiesen und Milch, von fettem Rahm und Käse. Oder davon, eine Maus zu sein und sich hineinzufressen in die dicke Laibe. Sonst noch Wünsche? Eine gute Nacht.

Graukas-Suppe

40 g	Butter
½	Zwiebel
1	Knoblauchzehe
200 g	gewürfelter, reifer Graukäse
4 EL	Weißwein
1 l	Fleischsuppe
1	gewürfelte Kartoffel
	Salz
	Pfeffer
	Kümmel
1/8 l	halbgeschlagener Rahm
	Schwarzbrotwürfel
	Schnittlauch

Butter erwärmen, Zwiebel und Knoblauch hacken und im Fett anrösten. Graukas darin schmelzen und mit Wein und Suppe aufgießen. Kartoffel zugeben, würzen und bei mäßiger Wärme ca. 20 Minuten kochen.

Die Suppe von der Herdplatte nehmen, Rahm unterziehen und mit Schwarzbrotwürfeln und Schnittlauch servieren.

Kärntner Glundnerkas

1½ kg	Topfen
15 g	Salz
	Kümmel
150 g	Butterschmalz
eine Handvoll	Bröseltopfen

Den Topfen zerbröseln und in einer möglichst flachen Schüssel verteilen, die man mit einem leicht befeuchteten Tuch zudeckt und an einem warmen Ort etwa 2 bis 3 Tage stehen lässt, bis die Topfenkörner fast durchsichtig und „glitschig" sind. Es empfiehlt sich allerdings, die Prozedur, während derer man den Käse täglich mehrere Male mit einer Gabel auflockert, nicht in der Küche vorzunehmen: Der Käse entwickelt einen stechenden, etwas unangenehmen Geruch.

Nun wird der Topfen gesalzen, mit Kümmel gewürzt und in einer möglichst schweren Pfanne in heißem Butterschmalz unter ständigem Rühren zum Schmelzen gebracht. Die Käsemasse ist „gelunden", wenn der Käseteig zu fließen beginnt und sich eine zusammenhängende Masse herausbildet. Diese füllt man in eine Schüssel, rührt eine Handvoll abgebröselten, trockenen Topfen dazu und lässt den Käse an einem kühlen Ort rasten, bis er steif und fest ist.

Montafoner Käsesuppe

3 EL	Butter
3 EL	Mehl
1 l	Rind- oder Gemüsesuppe
200 g	geriebener Emmentaler
	Pfeffer
	Weichselbrand (nach Belieben)
1	Ei
1 EL	Sauerrahm
4	Frühlingszwiebeln
1	zarte Karotte
	Butter
2 Scheiben	Weißbrot

In einem Suppentopf die Butter schmelzen lassen, Mehl einstreuen, kurz durchrösten und mit Suppe aufgießen. Unter wiederholtem Rühren gut durchkochen lassen. Geriebenen Käse einmengen, bei gemäßigter Hitze schmelzen lassen und dabei gut mit dem Schneebesen umrühren. Mit Pfeffer und einem Schuss Weichselbrand abschmecken.
Topf vom Feuer nehmen, das Ei mit Sauerrahm versprudeln und die Suppe damit vollenden. Inzwischen in einer Pfanne die geviertelten Frühlingszwiebeln und die hauchdünn geschnittene Karotte in etwas Butter knackig andämpfen. Weißbrot in Würfel schneiden und ohne Fett knusprig rösten. Die fertige Käsesuppe in vorgewärmte Teller füllen, Gemüse und Weißbrotcroutons hineingeben und sofort auftragen, damit das Brot nicht aufweicht.

Käsknöpfle

½ kg	Mehl
2–3	Eier
eine Prise	Salz
ca. 300 ml	Wasser
	Butter für die Form
je 80 g	geriebener Räßkäse, Bergkäse und ein anderer würziger Käse
2 EL	Butterschmalz
1–2	Zwiebeln

Mehl, Eier, Prise Salz und so viel Wasser vermengen, dass ein kompakter Teig entsteht. In einem großen Topf ausreichend Salzwasser zum Kochen bringen. Den Teig mit Hilfe eines Spätzlehobels zu kleinen, nockerlförmigen Knöpfle formen und in mehreren Partien, in leicht wallendem Wasser kochen, bis sie jeweils an der Oberfläche schwimmen. Die Knöpfle anschließend mit der Schaumkelle herausheben, kalt abschrecken und abtropfen lassen. Eine feuerfeste Form mit Butter ausstreichen, die Knöpfle abwechselnd mit dem geriebenen Käse einfüllen (erste Lage Knöpfle, letzte Käse) und für einige Minuten im vorgeheizten Backrohr warm stellen. Währenddessen in einer Pfanne das Butterschmalz erhitzen und die in Streifen geschnittenen Zwiebeln darin goldbraun anrösten. Sobald der Käse schön geschmolzen ist, Form herausnehmen, Knöpfle mit den goldbraunen Zwiebeln belegen und auftragen. Dazu serviert man gerne einen Kartoffel-Gurken-Salat.

Kaspressknödel

350 g	Knödelbrot (oder 6–8 altbackene Semmeln)
150 g	Graukas (oder eine andere kräftige Sorte)
2	Eier
	Salz
3–4	gekochte Kartoffeln
¼ l	Milch
2–3 EL	Mehl
	Butterschmalz

Das Knödelbrot bzw. die klein gewürfelten Semmeln, den zerstückelten Käse. Eier und die passierten Kartoffeln gut vermischen. Etwas Milch dazugeben und durchziehen lassen, dann mit Mehl bestäuben und gut durchkneten. Knödel formen, diese flach pressen und in heißem Butterschmalz goldbraun herausbraten.

Frigga

600 ml	Wasser
	Salz
4 EL	Butter
300 g	grober Maisgrieß
360 g	Speck
1	weiße Zwiebel
¼ kg	geriebener Gailtaler Alm- oder Bergkäse
6	Eier

Salzwasser zum Kochen bringen, Butter darin auflösen und den Maisgrieß einrieseln lassen. Hitze reduzieren und weiterköcheln lassen, bis alle Flüssigkeit aufgesogen ist. Dann den Topf in das auf 150° vorgeheizte Backrohr stellen, zudecken und ca. 10 bis 15 Minuten ziehen lassen. Dazwischen die Masse mehrmals mit einer Gabel auflockern und wenden.
Inzwischen in einer Pfanne den kleinwürfelig geschnittenen Speck glasig rösten. Sobald sich das Fett abzusetzen beginnt, die fein gehackte Zwiebel dazugeben und kurz anziehen lassen. Alles mit Reibkäse bestreuen und gut durchrühren.
Die leicht verquirlten Eier darüberschlagen und unter ständigem Rühren garen, bis sie stocken und eine omeletteartige Masse entstanden ist. Diese stürzen und vierteln.
Auf heißen Tellern in der Mitte jeweils eine Portion Maisgrieß anrichten und schließlich die Speck-Käse-Viertel dazugeben.

Graukas sauer angemacht

4 Scheiben	Graukas (je ca. 100 g)
2	mittlere Zwiebeln in Ringe geschnitten
	Pfeffer
4–6 EL	Weinessig
4–6 EL	Öl

Den Graukas auf einer Platte verteilen, mit Zwiebelringen belegen und pfeffern. Essig und Öl verrühren und über den Graukas verteilen. Schmeckt mit kräftigem Schwarzbrot.

Ziegernöcklen

1 kg	Kartoffeln
	Salz
1	Ei
250–300 g	Mehl
1	kleine Zwiebel
1 EL	Öl
30 g	Butter
250 g	Ziegerkäse (ersatzweise scharfer Gorgonzola)

Die Kartoffeln schälen, waschen, in eine Schüssel hineinreiben, mit Salz bestreuen und ½ Stunde stehen lassen, bis sich Wasser gebildet hat. Das Wasser wegschütten. Ei und so viel Mehl zugeben, bis man einen festen Nockenteig hat. Die Zwiebel hineinreiben und vermischen. Mit dem Löffel Nocken abstechen und nach und nach ins kochende Salzwasser geben. 20 Minuten langsam kochen, dann mit dem Schaumlöffel herausnehmen. In einer Pfanne Öl und Butter erhitzen, eine Lage Nocken hineingeben, darauf den Ziegerkäse verteilen, wieder eine Lage Nocken und mit Käse abschließen. Auf der Unterseite etwas Farbe annehmen lassen. Ev. auch noch mit Schnittlauch bestreuen und servieren.

Gailtaler Almkäsflecken

1 l	Wasser
	Salz
2 EL	Butterschmalz
400 g	grob geschroteter Maisgrieß
200 g	Gailtaler Almkäse
	Pfeffer

Das Wasser zum Kochen bringen und kräftig salzen. Das Butterschmalz dazugeben und warten, bis es sich völlig aufgelöst hat. Nach und nach den Maisgrieß dazuschütten, gut durchrühren und aufpassen, dass sich die Masse nicht am Boden festsetzt.
Wenn der Maisgrieß alles Wasser aufgenommen hat, den Topf vom Herd nehmen und rasten lassen, bis die Polenta erstarrt ist.
Eine feuerfeste Form mit kaltem Wasser ausspülen, die Polenta mit einer Spachtel in das neue Gefäß umstechen, glatt streichen und warten, bis sie ganz erkaltet ist.
Inzwischen das Backrohr auf 200° vorheizen.
Die Polenta auf ein Küchenbrett stürzen und mit einem scharfen Messer, das man nach jedem Schnitt erneut in Wasser taucht, in Flecken von etwa 5 x 10 cm Größe zerteilen.
Den Käse in dünne Scheiben schneiden und nach Belieben auf jeden Flecken 1 bis 2 Käsescheiben legen und pfeffern.
Die Flecken auf ein mit Backpapier ausgelegtes Blech legen und bei gleichmäßiger Hitze so lange backen, bis der Käse geschmolzen ist und eine hellbraune Kruste hat.

Almererknödel

500 g	Knödelbrot
½	Zwiebel
200 g	Bauchspeck, würfelig geschnitten
150 g	Bergkäse, würfelig geschnitten
4	Eier
ca. 250 ml	Milch
	Salz
	Pfeffer

Zwiebel und Speckwürfel in Öl anrösten und mit der Milch ablöschen. Das Knödelbrot mit Bergkäse vermischen und mit Salz und Pfeffer würzen. Das Zwiebel-Speck-Milch-Gemisch dazugeben und die Eier in die Masse schlagen. Durchmengen und Knödel formen. Zehn Minuten in Salzwasser kochen. In einer Rindssuppe oder mit Sauerkraut bzw. Salat servieren.

3

Kochen und Heilen mit den Kostbarkeiten der Bergwiesen

Der Tautropfen im Silbermantel

... braungrüne Lappen liegen lose auf dem Boden, graugesprenkelt, Isländisch Moos quillt in der Nässe auf, wolfsflechtenweiß, das Polsterrot der Bärentraubenblätter, das stumpfe Auge nimmt die frischgewaschenen Farben als Labsal in sich auf ...

BODO HELL, 666

"DAS IST MEIN SCHÖNSTER GEDANKE – DASS DIE KRÄUTER GANZ SELBSTVERSTÄNDLICH IN UNSEREN SPEISEN LANDEN." KARIN BUCHART LACHT. MAN MUSS NICHT KRANK SEIN, um sich auf den Wiesen zu bedienen, man kann auch einfach Freude daran haben, sich etwas Gutes zuzuführen. Eine Handvoll Löwenzahnblüten mit Honig auf einem Stück Roggenbrot: regt Galle und Leber an. Ein Salat aus Gänseblümchen und den Blättern des Löwenzahns: mundet köstlich und ist zudem ein probates Mittel, um den Stoffwechsel in Schwung zu bringen. Ein Schälchen Apfelkompott, mit Quendel gewürzt, dem wilden Thymian der Berge: hilft bei Husten und Durchfall. Oder ein Glas Rosmarin-Sirup, mit Wasser aufgespritzt: stabilisiert den Kreislauf und erfrischt.

Sinnliche Genüsse und dazu wohlschmeckende Kraftquellen: Karin Buchart hat sie alle ausgelotet. Die Kräuterexpertin aus dem Salzburger Unken ist eine zarte Person, schlank und mit wachen blauen Augen. Sie spiegeln Entschlossenheit und Energie. In einem ihrer früheren Leben war Karin Buchart eine erfolgreiche Sportschützin – „eine Möglichkeit, um als junge Frau Unken und dem Saalachtal zu entfliehen und zu reisen" – und darin Olympionikin und mehrfache Staatsmeisterin. Das sei ewig her, schmunzelt sie. Und doch hat sie als Athletin manches gelernt. Einen Satz wie „das geht nicht" wischt sie schnell vom Tisch. Alles geht, wenn man nur will.

Sie selbst hat das oft genug erfahren. Nach dem Studium der Ernährungswissenschaften arbeitete Karin Buchart in einer Klinik für Allergiekrankheiten und gründete eine Familie. Gleichzeitig spürte sie eine seltsame Unruhe. Es zog sie hinaus aus der Diätküche und hinein in die Welt der Heilpflanzen, die ihr von klein auf vertraut waren. Ihre Großmutter hatte für alle Leiden ein Kraut parat, ihre Mutter war eine leidenschaftliche Gärtnerin.

Karin Buchart beginnt, ihren Sehnsüchten zu folgen. 2004 springt sie ins kalte Wasser und kündigt ihren Job, um sich fortan hauptberuflich mit

Karin Bucharts bevorzugter Arbeitsplatz ist die sonnige Terrasse vor ihrem Haus.

überlieferten Heilmethoden zu beschäftigen. Unken im Pinzgau wird zu ihrem Experimentierfeld. „Wir haben den Anschluss an den Schi-Tourismus verpasst", erzählt sie. Die Gemeinde stand wirtschaftlich auf zu schwachen Beinen für ehrgeizige Investitionen. Davon profitieren Bewohner und Besucher auf andere Weise. Gleich mehrere Europaschutzgebiete, die im Netz von „Natura 2000" vereint sind, liegen im Saalachtal. Auf den Almen gedeihen seltene Pflanzen, das Bewusstsein für den Wert unberührter Landschaften ist hoch. Ein fruchtbarer Boden für Karin Buchart und ihre Recherchen. Sie durchforstet alte Kochbücher und staunt. „Essen und Heilen wurden früher nie getrennt betrachtet, das gehörte zusammen. Und so sollte es eigentlich sein." Eine Einsicht, die sie als Leitlinie ihrer Berufung begleitet.

Karin Buchart knüpft Kontakte zu Bäuerinnen von Einschichthöfen, die sich jahrhundertelang medizinisch selbst zu versorgen hatten, zu Kräuterfrauen und Sennerinnen und vertieft sich auf diese Weise in den Erfahrungsschatz jener Menschen, die immer schon auf die Gaben der Pflanzen setzten. Ihre Studienergebnisse fließen in eine Dissertation zu den biogenen Arzneimitteln im Pinzgau und in Bücher und Kolumnen über das Wesen einheimischer Kräuter. Als die UNESCO die Pinzgauer Pflanzenpräparate 2010 zum immateriellen Kulturerbe ernennt, jubelt sie: Alles geht.

Unter diesem Vorzeichen gründet Karin Buchart einen Verein für Traditionelle Europäische Heilweisen. In einem aufgelassenen Zollhaus am Steinpass an der Grenze zu Bayern eröffnet sie mit Kolleginnen ein Geschäft, in dem eine Vielzahl lokal produzierter Heil- und Genussmittel vertrieben wird, und führt dort ein Seminarzentrum. Die Lage des Ortes wird zum Programm: Man versucht Grenzgänge zwischen Gestern und Heute, zwischen Schulmedizin und althergebrachten Drogen aus der Natur, die seit etlichen Jahren eine regelrechte Renaissance erleben. Das Interesse für Kräuter hat sich intensiviert, nachdem diese zwischendurch ein Stück weit in Vergessenheit geraten waren. Zu verführerisch schien der Gang in die

Bilder S. 104–107
Marianne Gruber
Zimmerstunde auf der Ritzinger Hütte
Eine Kaffepause
Griass enk!

Fein säuberlich werden die Kräuter geschnitten und portioniert.

Karin Buchart in ihrem
Kräutergarten vor dem Haus.
Ein Leben für die Leidenschaft.

Apotheke und zu industriell gefertigten Pillen, Zäpfchen und Salben. „Jetzt sind wir wieder am richtigen Weg. Es ist ja oft so, dass wir die Bedeutung einer Sache erst erkennen, wenn sie verloren scheint."

Karin Buchart ist eine Lehrerin mit hohem Anspruch. Der methodische Ansatz ist ihr wichtig. „In meinen Lehrgängen erkunden wir nur jene Gebiete der Pflanzenwelt, deren Nutzen wissenschaftlich erfasst ist und die eine positive Monographie besitzen." Eine Vorsichtsmaßnahme, um sich zu wappnen gegen den Vorwurf der Geschäftemacherei. Wenn sie Sammler beobachtet, die mit riesigen Säcken über die blühenden Wiesen trampeln und auf grobe Weise Arnika abschneiden oder Enzianwurzeln ausreißen, wird Karin Buchart bang: Solche Vandalen gefährden die Bestände, weil sie nicht ahnen, auf welch kostbarem Gelände sie unterwegs sind. Almen sind Rückzugsorte für Menschen, Tiere und Pflanzen, sie gilt es zu schützen und für die Nachwelt zu hüten. Mit ihren Kursteilnehmern steigt sie regelmäßig auf die Almen im Unkener Heutal. Dort führt sie vor, wie man die Schätze der Sommerweiden respektvoll hebt. „Ich würde die Kräuter nie mit dem Messer abschneiden, sondern pflücke sie vorsichtig und in überschaubaren Mengen. Und wenn man nach Wurzeln gräbt, achte man darauf, dass immer ein Stück im Boden bleibt." Auch das Stadium, in dem sich die Pflanze befindet, ist wesentlich. „Den Quendel etwa, der so herrliche lila Polster bildet, zupfe ich ab, sobald ein paar Blüten offen sind. Wenn erste welke Stellen zu sehen sind, ist es zu spät."

Und natürlich muss das Wetter mitspielen, es sollte keinesfalls zu nass sein. Wenn es zusätzlich gelingt, den Lauf des Mondes zu beachten, wäre der Moment für die Ernte perfekt: Nimmt er zu, dann wandern die wertvollen Substanzen in die oberirdischen Teile der Pflanze, während sie sich bei abnehmendem Mond in die Wurzel zurückziehen. „Es ist nicht jedes Mal zu schaffen, alle Kriterien im Auge zu behalten", meint Karin Buchart und rät zu Gelassenheit.

Um seinen Medizinschrank gut zu bestücken, braucht es nicht viel. Das wussten die Sennerinnen und Hirten, wenn sie über die Wiesen und in die Wälder rund um die Almhütten zogen, um sich die Ingredienzien für erprobte Hausmittel zu besorgen. Uralte Rezepte sind bis heute gültig: Quendel holt man sich, um einen Saft zu brauen, der bei Husten den zähen Schleim löst. Spitzwegerich, Isländisch Moos oder wilde Malve hingegen lindern die Beschwerden bei Reizhusten. Bärentraubenblätter sind bei Harnwegsinfekten hilfreich, für den Magen-Darm-Trakt haben sich Bergschafgarbe und Meisterwurz bewährt, weil sie die Verdauung unterstützen. Ähnliches gilt für den Wermut. Latschenkiefer befreit die Bronchien, fördert die Durchblutung und lockert verspannte Muskeln. Fichtenwipfel, zu Sirup verarbeitet, sind antibakteriell und durchblutungsfördernd. Lärchenharz und Schafgarbe mischt man mit Butter, Schweineschmalz oder Öl zu einer Salbe, die desinfiziert und wärmt: ideal bei Schnittwunden, bei Nerven- und Rheumaschmerzen und Atemwegsproblemen.

Karin Buchart verrät noch, wieso die Sennerinnen früher so berühmt waren für ihre weiche Haut: Sie badeten in Molke. Und wer bei diesem Vergnügen erwischt wurde, erntete Spott und Häme der Melker und Hirten, die sich flugs einen Spaß erlaubten. Sie schwenkten den Kupferkessel samt Sennerin so heftig, bis diese kreischend aus der Molke stieg und ihnen ein kurzer Blick auf die nackten Schönheiten vergönnt war. Ein halber Liter Molke pro Wanne, so Karin Buchart, vollbringt Wunder. Ebenso wie die Kräutermolke, die sich als alkoholfreier Aperitif eignet und den Magen aufs Essen vorbereitet. Ein Glas davon reicht. „Viele meinen ja, mehr bedeutet besser und effizienter. Aber das ist tückisch. Die fachgemäße Dosierung ist wesentlich, die therapeutische Breite beschränkt. Zu übertreiben, kann gefährlich sein." Oder um es mit Paracelsus zu sagen: „Das Buch der Arzneien ist die Natur selbst. Alle Dinge sind Gift und nichts ist ohne Gift. Allein die Dosis macht, dass die Dinge kein Gift sind."

Zumal es riskant ist, ahnungslos auf fremdem Terrain zu wildern. Beim blauen Eisenhut führt schon eine einzige Blüte zum Tod. Sehr giftig auch der Germer, den die Kühe nicht anrühren und der dem gelben Enzian ähnlich sieht. Nutzen und Schaden liegen eng beisammen. Im Johanniskraut etwa, einem nachgewiesenen Stimmungsaufheller, verbergen sich bis zu dreihundert Wirkstoffe. „Da kann man nicht einfach einen herauslösen."

Karin Buchart ist ohnehin vorsichtig bei allzu hochfliegenden Hoffnungen. Wunderheilungen in Sachen Krebs und anderer lebensbedrohlicher Krankheiten bewertet sie skeptisch und warnt vor falschen Versprechungen. „Wenn ich ernstere Beschwerden habe, gehe ich zum Arzt", sagt sie ganz dezidiert. „Meine Tees, Salben und Tinkturen sind für kleine Wehwehchen geeignet und zur Stärkung der Gesundheit. Wenn man Kräuter in die Alltagsküche integriert, haben sie sehr wohl eine Bedeutung für die Prophylaxe, weil sie eine Reihe anti-karzinogener Bestandteile enthalten. Damit lassen sich herkömmliche Therapien ergänzen." Ein Gedanke, den auch Ärztinnen, Ärzte und Pharmazeuten inzwischen regelmäßig aufgreifen: Da scheint sich eine Türe zu öffnen.

„Wenn ich die Chance habe, würde ich mich immer für die Bergvariante einer Pflanze entscheiden", erklärt Karin Buchart weiter. „Die Konzentration ihrer Substanzen ist in der Höhe intensiver ausgeprägt. Kräuter entwickeln sich dort oben unter widrigen Bedingungen. Sie wachsen auf magerem Gelände, kämpfen gegen die Witterung und haben weniger Zeit, sich zu entfalten. Auf diese Weise sind sie gehaltvoller. Wer eine Pflanze düngt, wie wir das unten im Tal tun, gibt ihr alles, was sie nötig hat: Da muss sie sich weniger anstrengen und wird träge." Wenn sie den Widrigkeiten auf den Almen getrotzt haben, tragen die Pflanzen mehr ätherische Öle und Bitterstoffe in sich, die wärmend und trocknend wirken: Wir fühlen uns wie von einem Feuer erhellt und erhitzt. Das ist in alpinen Gegenden, wo es häufig kalt und feucht ist, besonders wichtig. Entsprechend sollte man sich den lokalen Kräutern anvertrauen, weil in ihnen jene Elemente stecken, die vor Ort gefordert sind. „Ubi malum, ibi remedium", nochmals Paracelsus: Wo die Krankheit entsteht, wächst das Heilmittel.

Was nicht frisch in Salaten, Tees, Aufstrichen oder Saucen landet, lässt sich in Essig oder Alkohol ansetzen oder trocknen. Karin Buchart rät auch hier, dem Lauf der Jahreszeiten zu folgen und entsprechend Vorräte

Karin Buchart betreibt einen gut sortierten Kräuterladen am ehemaligen Grenzübergang in Unken.

anzulegen. Im April und Mai reinigen Brennnessel und Schlüsselblume: eine Art Frühlingsputz. Im Sommer pflückt man den wilden Thymian und die Rossminze, die von innen heraus kühlen. Mit den ersten Herbstboten sind die Wurzeln dran: Da schwimmt dann ein kleingeschnittener Engelwurz in der Suppe, schmeckt ähnlich pikant wie Liebstöckel und hilft bei der Verdauung. Während die Wurzeln des Löwenzahns den Gallenfluss anregen und die Körpersäfte in Bewegung halten. Für den Winter schließlich trocknet man Minze, Kamille, Silbermantel, Thymian oder Ysop. „In meinem Haustee sind dreißig bis vierzig Kräuter drin, das ist eine harmonische Mischung", so Karin Buchart. Geruch und Geschmack erinnern sie an die Tage des Pflückens. Glückliche Momente.

Und überhaupt: Heilpflanzen dienen nicht nur dem Körper, sondern richten überdies noch die Seele auf. Wer auf steilen Wegen zu den Almböden hinaufsteigt, um Kräuter zu sammeln, wirft Ballast ab. Die Pflanzen zu suchen, den kleinen Tautropfen im Silbermantel zu entdecken oder seine Blätter zu fühlen, riechen und zu schmecken ist eine zutiefst befriedigende und befriedende Erfahrung, die unsere Psyche kräftigt und sie in neue Schwingungen versetzt. Fast schon eine Burn-out-Prophylaxe, wie Karin Buchart meint: „Brauchen wir das nicht fast alle? Wir sitzen zu lange am Schreibtisch, sind geistig überlastet und körperlich unterfordert. Die alten Leute haben mir erzählt, wie oft sie müde waren und geplagt vom Gefühl, ihre Arbeit nicht zu schaffen. Als Medizin grub man ein Stück Engel- oder Meisterwurz aus und kaute es: Und wenig später fühlte man sich entspannt."

Zauberwerk, auch nach Empfinden der Künstler. Der greise Goethe hoffte dereinst, mit Hilfe der Arnika montana Herzbeschwerden und Missstimmungen zu bekämpfen. Bergwohlverleih, heißt das Kraut im Volksmund: Sein strahlender Blütenkranz soll die Sauerstoffverwertung und den Kreislauf anregen, Blutungen stillen, Schockzustände auflösen und Entzündungen bremsen. Ein Wundermittel – und so inspirierend, dass es Thomas Kling in seinem Gedicht *Neues vom Wespenbanne*r verewigt hat.

arnikalitanei, sich sonnend. was in der flasche
auf dem eternitdach liegt des schobers, sechs
tage liegen muss: die blüten, wurzeln auch blitz-
gelber blaubestrahlter ernte, die auf zerrung
und ergüsse aufgetragen werden wird.

Karin Buchart wandert zwischen den Welten. Das tradierte Wissen den heutigen Ansprüchen gemäß weiterzugeben und es anzupassen an die Bedürfnisse unserer Tage, ist ihre Mission. Sie trifft auf die Sehnsüchte der Menschen: zurück zu den eigenen Wurzeln, zum Säen und Ernten und dem Gespür für das, was einem wirklich guttut. „Wir müssen wieder neu lernen, auf unsere Sinne zu bauen und die Intuition ernst zu nehmen", so Buchart, „das Kognitive hat zu viel Macht über uns." Kräuter seien in dieser Hinsicht ideale Lehrmeister, in ihnen stecke einiges an Philosophie. So wie der Pilger über sein Leben und das Wesen des Aufbrechens und Unterwegsseins nachdenkt, spiegelt uns die Natur die Zyklen des Daseins: Woher kommen wir und wohin gehen wir? „Wenn man Pflanzen zusieht, wie sie wachsen, wie sie sich vermehren, wie sie miteinander kommunizieren unter den widrigsten Bedingungen, dann kann man einiges für den eigenen Weg herauslesen."
Alles hat seine Zeit. Darauf eine Tasse Tee. Silbermantel, Brombeerblätter oder doch Hagebutte mit Honig?

Brunnenkressesuppe

1	Gemüsezwiebel
1	mehlige Kartoffel
2 Bund	Brunnenkresse
2 Bund	Radieschen
2 EL	Butter
750 ml	Gemüsesuppe
250 ml	Rahm
	Pfeffer
	Salz
	Muskatnuss
½ TL	Honig

Zwiebel und Kartoffel schälen, beides fein würfeln. Brunnenkresse putzen, verlesen, waschen und trocken schleudern. Radieschen waschen, putzen und das Grün verlesen und grob hacken. Radieschen in dünne Scheiben schneiden. Die Zwiebel- und Kartoffelwürfel in Butter glasig dünsten. Brühe zugeben und aufkochen. Rahm, Brunnenkresse und Radieschengrün hinzugeben und zugedeckt bei mittlerer Hitze garen, bis die Kartoffelwürfel weich sind. Dann pürieren. Die Suppe mit Salz, Pfeffer, Muskatnuss und Honig abschmecken. Radieschen zugeben und servieren.

Wildkräutersalat

Schlüsselblumen
Gundelrebe
Bärlauch
Brunnenkresse
Löwenzahn
Giersch
Spitzwegerich
Scharbockskraut vor der Blüte
Gänseblümchen
Radieschen

Für das Dressing 2 EL Essig, 2 EL Wasser, Zitrone, Honig und Kräutersalz mischen und mit 4 EL kalt gepresstem Haselnussöl vermischen. Über die Blumen, Radieschen und Kräuter geben und durchmischen. Dieser Frühlingssalat wirkt reinigend.

Röhrlsalat

200 g junge Löwenzahnblätter
ohne Blütenknospen
Kürbiskernöl
Apfelessig
Salz
Pfeffer

Den Löwenzahn waschen, schleudern und fein schneiden. Mit Öl, Essig, Salz und Pfeffer marinieren. Wer mag, mischt den Salat mit gekochten Erdäpfeln und garniert ihn mit Speckkrusteln. Der Salat wird auch gerne mit harten Eiern gegessen.

Kräuteressig

¼ l	Weinessig
3	Salbeiblätter
je 1 Stängel	Rosmarin und Pfefferminze
1 Stück	Engelwurz

Die Kräuter und die Wurzel in eine Flasche geben, mit Essig auffüllen und ziehen lassen. Das Aroma entfaltet sich nach einigen Tagen.

Kartoffeln mit Frühlingskräuterbutter

½ kg	Kartoffeln
100 g	Butter
	Frühlingskräuter wie Bärlauch, Scharbockskrautblätter vor der Blüte
	Löwenzahnblätter
	Gundelrebe
	Brunnenkresse
	Spitzwegerichblätter
1 EL	Zitronensaft
1 EL	Weinbrand
	weißer Pfeffer
	Salz

Kräuter klein hacken. Die Butter mit den Kräutern und Gewürzen, dem Weinbrand und Zitronensaft mixen und kühl stellen. Erdäpfel waschen und in der Schale kochen. Mit der frischen Kräuterbutter servieren.

Belegtes Brot gegen Grippe

½ Scheibe	Roggenbrot
1 TL	Butter
1 TL	Honig
½ TL	Quendel getrocknet
½ Zehe	Knoblauch

Das Brot mit Butter und Honig bestreichen, viel Quendel darüberstreuen und eine halbe Zehe Knoblauch darauf verteilen. Dreimal am Tag genossen, macht dieses Brot den Grippeviren das Leben schwer.

Fichtenspitzenhonig

Fichtenspitzen in Honig geben und 14 Tage stehen lassen (nicht in der Sonne!). Dieser Honig schmeckt nicht nur gut (Fichtenspitzen mitessen!), er ist auch Balsam für die Bronchien und den Magen.

Arnikatinktur

Arnikablütenblätter
Schnaps (40-prozentiger Alkohol)

Frische Arnikablütenblätter in ein Schraubglas füllen und mit dem Schnaps bedecken. 4 bis 6 Wochen ziehen lassen, abseihen und in eine dunkle Flasche füllen. Hilft bei stumpfen Verletzungen, gut geeignet für Wickel und Umschläge. Leicht verdünnt auch für Mundspülungen geeignet.

Bärlauchpesto

150 g	frische Bärlauchblätter
150 ml	Olivenöl
30 g	Pinienkerne
30 g	Parmesan
	Salz
	Pfeffer

Bärlauch und Pinienkerne grob hacken und im Mörser zerreiben.
Öl und Parmesan dazugeben und mit Pfeffer und Salz abschmecken.

4

Kulinarische Grenzüberschreitungen auf der Malga Priu im friulanischen Kanaltal

Orzotto Gulasch und Polenta

Prächtig gelegen, bietet die Alpe Malga Priu einen herrlichen Blick auf die wild gezackten Berge der Julischen Alpen.

Vielleicht besteht die einzige Möglichkeit, die tödliche Macht der Grenzen zu neutralisieren, darin, sich immer auch auf der anderen Seite zu fühlen, auch für sie Partei zu ergreifen.

CLAUDIO MAGRIS

Willkommen
Wer Böses
von mir spricht,

Drei Generationen bewirtschaften mit spürbarer Leidenschaft die Alpe Malga Priu.

In kleinen schmackhaften Portionen werden die kulinarischen Köstlichkeiten serviert.

Mehrere kleine Ferienhäuser in Form von Honigwaben können in der näheren Umgebung der Hütte gemietet werden.

„Den italienischen Wanderern biete ich die typische Kost aus Kärnten, und den Kärntnern friulanisch-italienische Schmankerln." Völkerverständigung und Friedensmission à la Malga Priu.

Entsprechend lang ist die Liste der Zutaten. Fleisch liefern die Hochland-Rinder, die auf den Weiden grasen, die Eier holt Renata aus den Nestern ihrer Hühner, die Kräuter aus dem Garten hinterm Haus. Bis vor Kurzem hat sie Kartoffeln, Lauch, Karotten und Sellerie angebaut, doch nun gönnt sie den Wiesen eine kurze Pause und besorgt sich das Gemüse bei befreundeten Bauern. Von der Cooperativa Agricoltori Valcanale bezieht sie den Montasio-Käse und die Ricotta affumicata, auch für Speck, Salami und frische Würste hat sie einen treuen Produzenten. Alles aus der Region, das ist ihr wichtig.

Aus diesen Zutaten entstehen Speisen, wie man sie auf Almen selten antrifft: bodenständig und doch raffiniert, den überlieferten Rezepten verpflichtet und zugleich dem Gaumen von heute angepasst. „Für die Italiener mache ich Topfennockerln, Spätzle mit geräuchertem Topfen oder ein Gulasch mit Polenta." Die Kärntner hingegen lieben Renatas Frico, eine Spezialität aus dem Friaul: Kartoffeln und Käse werden in der Pfanne kräftig angebraten, bis ein krosser Fladen entstanden ist. „Das hat man ehemals auf den Almen fast täglich gegessen, zusammen mit der Polenta, die morgens früh mit einem Glas Milch auf den Tisch kam. Das gab ordentlich Kraft für die Arbeit. Der Käse dafür darf nicht zu würzig und hart sein, sonst wird der Frico zu fest. Ein jüngerer Montasio ist ideal", erklärt sie. „Auch in Slowenien kennt man die Frika, wie sie dort heißt. Im Kärntner Gailtal ist es die Frigga, aber da sind noch Eier mit dabei."

Und weiter geht's mit dem Menü für die Österreicher. Die mögen den Orzotto, ein Risotto aus Gerste, den Renata mit kleingeschnittenen Zucchini und gelbem Paprika anrührt und mit Blüten aus dem Garten garniert.

Auch in der Hütte der Malga Priu stehen gemütliche Zimmer für Besucher bereit.

Auch mit frischen Steinpilzen ein Genuss. So diese nicht in einem Schwammerlragout landen, zu denen Semmelknödel serviert werden. „Damit mache ich die Italiener glücklich."

Während die Österreicher Polenta mit Steinpilzen und Spaghetti mit dem Sugo aus dem Fleisch der Hochland-Rinder ordern. Oder auch die Minestra mit Alm-Kräutern. „Das war bei den Almbauern ein sättigendes Mittagsmahl." So wie die Suppen aus Bohnen und Gerste oder aus „harb´m Schotten", der man vor dem Erhitzen etwas Essig hinzugegeben hat. Dann wird die Masse gesalzen und getrocknet und einige Monate lang immer wieder durchgemischt, bis er sehr würzig schmeckt. „Den Schotten essen wir gern auf Brot oder mit Erdäpfeln und Saubohnen." Und wenn man gar nichts anderes zur Hand hat, in einer einfachen Suppe: etwas Wasser erhitzen, den Schotten beifügen, gemeinsam mit Erdäpfeln, Salz und einem Klecks Butter köcheln lassen. „Ein schnelles Arme-Leute-Gericht." Nichts für die Malga Priu, denn die Ansprüche der Gäste seien dafür zu hoch, meint Renata, ehe sie flugs noch zu den Desserts wechselt. Kaiserschmarren und Palatschinken –

„davon hatte ich bereits etliche Tausende in meiner Pfanne" – stehen täglich auf dem Speisezettel, eine Crostata oder Zwetschkenknödel nur, wenn es sich ausgeht. Und zu trinken? Säfte aus Ribiseln, Melisse, Holunder und Minze und neben Bier und Schnäpsen ein paar feine Tropfen aus den Colli Orientali del Friuli. Auch da: nur beste Qualität.

Ende der Ausführungen. Renata sprüht vor Tatendrang. Also auf zu den Töpfen, wo Tochter Cristina wartet. Ein besticktes Tuch führt das Motto des Gespanns an. „In meiner kleinen Küche bin ich absolute Herrscherin." Roter Faden auf weißem Leinen: besser, man kommt den temperamentvollen Damen nicht in die Quere. Cristina hat früher das Rifugio Gortani geführt und dort einiges gelernt. Inzwischen schwingt sie mit ihrer Mutter den Kochlöffel, unterstützt von Enkelin Diana im Service. Während sich Guido um die Tiere kümmert und Sohn Manuel eine innovative Idee verfolgt. In der Hütte gibt es Schlafplätze für sieben Gäste. Doch nun möchte man vorsichtig expandieren. Claudio Beltrame, Architekt aus Tarvis, hat ein Baumhaus entworfen, das wie ein Tannenzapfen unter den Ästen schaukelt. Darin eine winzige Kammer, fast schon eine Höhle. Und dazu noch eine Aussichtsplattform wie eine Startrampe. Abflug gen Julische Alpen jederzeit möglich. Neues Wohnen auf der Alm: ein Experiment. Auf der Malga Priu schaut man nach vorn. Der Familienbetrieb segelt optimistisch in die Zukunft. Der Weg ist frei für die nächsten Generationen und deren Träume: weil alle gelernt haben, das Erbe der Vorfahren zu schätzen und zugleich die Zeichen unserer Tage zu deuten.

Am späten Vormittag trudeln die ersten Wanderer ein. Stammgäste aus Wien, Ausflügler aus Marbach und eine fröhlich lärmende italienische Freundesrunde, die aus Ugovizza heraufgestiegen ist und nach einer Jause die Kuppe des Mezesnik ansteuern will. Gemeinsam sitzen sie an den Holztischen und langen zu, wenn ihnen der Duft von Frico, Polenta und Orzotto in die Nase steigt. Zwischendurch läuft Renata aus der Küche, schnappt sich

ein paar Kräuter und begrüßt alte Bekannte. Ganz selbstverständlich wechselt sie vom Deutschen ins Italienische und wieder zurück. Dazwischen ein paar Brocken auf Slowenisch. Ihr Lachen springt auf die Besucher über, die Stimmung ist gelöst. Verständigungsprobleme oder politische Grenzen? Keine zu spüren. Auf der Malga Priu ignoriert man Schlagbalken aller Art. Bretter vor dem Kopf haben andere, die hohen Berge sind keine undurchdringlichen Wände, die den Blick bremsen. Das Meer ist näher, als es scheint – und der Horizont unendlich weit.

Orzotto con verdure

PERLGERSTEN-RISOTTO (FRIAUL, ITALIEN)

2	Schalotten
1	Knoblauchzehe
200 g	Perlgerste/Perlgraupen
150 g	Zucchini
ca. 600–700 ml	Gemüsebrühe
	etwas Petersilie und Schnittlauch
	Olivenöl, Salz, Pfeffer, Parmesan

Zwiebel und Knoblauch fein würfeln. Beides mit Perlgerste in einem Topf bei mittlerer Hitze kurz in Olivenöl andünsten. Brühe zugießen und 20 bis 25 Minuten zugedeckt kochen. Bei Bedarf noch etwas Brühe nachgießen. Orzotto zwischendurch ein paar Mal umrühren. Zucchini und Paprika sehr klein würfeln und dazugeben. Weitere zehn Minuten unter Rühren garen. Mit Salz, Pfeffer abschmecken und mit Petersilie, Schnittlauch und Parmesan servieren.

Frico con patate

KÄSEFLADEN MIT KARTOFFELN (FRIAUL, ITALIEN)

1	Zwiebel
4	mittelgroße Kartoffeln
1 EL	Butter
200–500 ml	Brühe
400 g	Montasio

Die Zwiebel hacken, die Kartoffeln schälen und in feine Scheiben schneiden. In einer Pfanne Butter erhitzen und die Zwiebel darin andünsten. Kartoffelscheiben zugeben und kurz in der Butter schwenken. Mit Brühe aufgießen und die Kartoffeln langsam weich kochen, überschüssige Brühe anschließend abgießen. In der Zwischenzeit den Käse in Würfel schneiden oder in feine Scheiben hobeln. Wenn die Flüssigkeit eingekocht ist, und die Kartoffeln weich sind, den Käse darübergeben und schmelzen lassen. Langsam bräunen und das Fett, das aus dem Käse austritt, abgießen. Der Frico soll am Rand eine braune Kruste bekommen.

Der Frico, ein typisches Gericht aus den karnischen Bergen und bei Hirten und Waldarbeitern sehr beliebt, wird inzwischen in allen Teilen des Friauls gegessen. Wichtig ist, ihn so lange in der Pfanne zu rösten, bis er wirklich rundum knusprig ist.

Pizzoccheri

BUCHWEIZENPASTA MIT KARTOFFELN UND KOHL (VELTLIN, ITALIEN)

200 g	Buchweizenmehl
100 g	Weizenmehl
2–3 EL	Wasser
2–3 EL	Milch
	Salz
1	Ei
200 g	Kartoffeln
¼	Kohl
100 g	Butter
1	feingehackte Knoblauchzehe
3	feingehackte Salbeiblätter
100 g	kräftiger Schnittkäse (Bitto oder Fontina)
100 g	Parmesan

Für die Nudeln die beiden Mehlsorten mit Wasser und Milch vermengen, salzen und mit dem Ei zu einem Teig verarbeiten. Den Teig ausrollen und in fingerbreite Streifen schneiden. Mit einem Küchentuch abdecken.

Die Kartoffeln schälen und in Scheiben schneiden. Den Kohl putzen und zusammen mit den Kartoffeln in reichlich kochendes Salzwasser geben. Nach 15 Minuten die Nudeln hinzufügen und diese bissfest kochen. Abgießen und gut abtropfen lassen.

Die Butter zerlassen, Knoblauch und Salbei dazugeben. Die Kartoffeln, den Kohl und die Nudeln mit dem kleingeschnittenen Käse, dem Parmesan und der Salbeibutter in einer Pfanne oder Schüssel mischen und servieren.

Das Veltlin, der Landstrich an der Grenze zum schweizerischen Puschlav, ist neben Südtirol eine jener seltener gewordenen Gegenden, in denen Buchweizen sehr verbreitet ist. Das grano saraceno, wie es hier heißt, war immer schon Teil der bäuerlichen Küche. Die Pizzoccheri gelingen natürlich auch mit fertigen Buchweizennudeln. Wer sie nicht findet, kann auch Vollkornnudeln nehmen..

Steinpilzknödel

(SÜDTIROL, ITALIEN)

300 g	altbackenes Weißbrot
1/10 l	Rahm
ca. 1/8 l	Milch
90 g	Butter
3	Eier
200 g	Steinpilze (wenn getrocknet: 60 g, Pilze 3 Stunden in wenig Wasser einweichen)
1	Knoblauchzehe
½ EL	Mehl
1 EL	gehackter Schnittlauch
	Salz
80 g	Butter
60 g	Parmesan

Das Brot sehr klein schneiden, mit Rahm, 50 g zerlassener Butter, Milch nach Bedarf und Eiern vermischen und salzen. In der restlichen Butter die geputzten, kleingeschnittenen Steinpilze mit Knoblauch rösten (falls man getrocknete nimmt, kann man auch etwas von der Einweichflüssigkeit dazuschütten und einreduzieren), zusammen mit dem Mehl und dem Schnittlauch zur Brotmasse geben, gut mischen und 20 Minuten rasten lassen. Knödel formen, in Salzwasser 15 Minuten leicht kochen. Mit geriebenem Parmesan und zerlassener Butter servieren. Die Menge ergibt 8 Knödel.

Žlikrofi

SCHLICKKRAPFERLN (SLOWENIEN)

Teig	500 g	mehlige Kartoffeln
	200 g	griffiges Mehl
	80 g	Grieß
	2 EL	flüssige Butter
	2	Eidotter
		Salz
	120 g	Butter zum Übergießen
	100 g	frisch geriebener Parmesan
		Ei zum Bestreichen
Fülle	300 g	Bröseltopfen
	2 EL	Sauerrahm
	2 EL	Schalotten
	50 g	Butter
	100 g	gekochte und passierte Kartoffeln
	80 g	fein gehackte Brennnesselspitzen
		Salz

Für die Fülle die fein gehackten Schalotten in heißer Butter anlaufen lassen und über den passierten Topfen geben. Die gehackten Brennnesselspitzen, die passierten Erdäpfel sowie den Sauerrahm daruntermischen und mit Salz abschmecken.
Für den Teig die Kartoffeln kochen, noch heiß schälen und durch eine Presse drücken. Kurz ausdampfen lassen. Mit Mehl, Grieß, Butter, Eidottern und einer Prise Salz rasch zu einem Teig verarbeiten. Den Kartoffelteig auf einer bemehlten Arbeitsfläche ca. 4 mm dick ausrollen. Mit einem runden Ausstecher Scheiben von ca. 6 cm Durchmesser ausstechen. Diese mit versprudeltem Ei dünn bestreichen. Die vorbereitete Brennnesselfülle mit Hilfe eines Dressiersacks oder eines kleinen Löffels jeweils in der Mitte auftragen.
Die Teigscheiben zu Tascherln zusammenklappen und die Ränder fest andrücken.
In einem Topf reichlich Salzwasser aufkochen. Die Brennnesselkrapferl darin leicht wallend ca. 10 Minuten kochen. Herausnehmen, abtropfen lassen und auf vorgewärmten Tellern anrichten. Mit flüssiger Butter übergießen und mit Parmesan bestreuen.

Bündner Gerstensuppe

(SCHWEIZ)

1 EL	Butter
10 g	Zwiebeln
30 g	Lauch
20 g	Karotten
15 g	Knollensellerie
20 g	Rohschinken
20 g	Bündnerfleisch
90 g	Rollgerste
1,6 l	Gemüsebrühe
	Salz, Pfeffer, Muskatnuss
1/8 l	Rahm
1/8 l	Sauerrahm
	Schnittlauch zum Garnieren

Zwiebeln, Gemüse, Rohschinken und Bündnerfleisch in Würfelchen schneiden. Gemüse, Fleisch und Gerste in der Butter andünsten, mit der Brühe auffüllen, aufkochen und bei schwacher Hitze 1 Stunde köcheln lassen. Je nach Konsistenz mit etwas Wasser verdünnen. Mit Salz, Pfeffer und Muskatnuss würzen, Rahm und Sauerrahm unterziehen und mit Schnittlauch garnieren.

Truffade

KARTOFFEL-KÄSE-PFANNE (AUVERGNE, FRANKREICH)

1,2 kg	Kartoffeln
100 g	fetter Speck
1 EL	Öl
5	Knoblauchzehen, Salz
400 g	junger Cantal

Die Kartoffeln schälen und in dünne Scheiben schneiden. Den Speck in Streifen schneiden. Das Öl in einer schweren Pfanne erhitzen, den Speck darin auslassen und die ungeschälten Knoblauchzehen anrösten. Die so entstandenen Grammeln und den Knoblauch aus der Pfanne nehmen, die Kartoffelscheiben hineingeben und salzen.

Auf niedriger Temperatur 20 bis 30 Minuten braten, ohne dass die Kartoffeln dabei Farbe annehmen, daher ständig wenden. In der Zwischenzeit den jungen Cantal in schmale Stücke schneiden. Sind die Kartoffeln gar, verteilt man den Käse darüber und wendet Kartoffeln und Käse fortwährend, bis er geschmolzen ist. Dann zerdrückt man die Kartoffeln und verrührt die Masse aufs Neue, bis sie gleichmäßig und fadenziehend ist.

Auf den Almen der Auvergne gehört Käse zu den Grundnahrungsmitteln. Der Cantal, ein Rohmilchkäse, der aus der Milch der berühmten Salers-Rinder hergestellt wird, landet häufig in einer Truffade, einem nahrhaften Käse-Kartoffel-Gericht, das lange satt macht.

Migas de pastor

MIGAS NACH HIRTENART (PYRENÄEN, SPANIEN)

500 g	altes Weißbrot
	Salz
100 g	Schmalz (ersatzweise Olivenöl)
150 g	geräucherter Speck (in Würfel)
4	Knoblauchzehen (in Scheiben)

Das Brot am Vortag in Würfel schneiden, in eine Schüssel geben und mit leicht gesalzenem Wasser beträufeln, es soll nicht zu feucht werden. Gut durchmischen und über Nacht ziehen lassen. Schmalz in einer Eisenpfanne erhitzen und den Speck darin auslassen. Knoblauch zugeben, hellgelb anrösten. Brotstücke in die Pfanne geben und unter Wenden mit einem Holzlöffel goldbraun ausbraten. Hirten-Migas werden auch gern mit weißen Trauben, Paprikawurst und/oder Spiegelei serviert.

„Um die kulinarische Kunst der Steinzeit kennenzulernen", hat schon Eduard Graf von Keyserling gespottet, „muss man nur die Hirten in den spanischen Bergen besuchen." Viele von ihnen verbrachten die Sommer auf den Almen der Pyrenäen, ehe sie ihre Herden im Frühherbst in die Ebenen der Extremadura oder Andalusiens zurücktrieben, um dort den Winter zu verbringen: eine Form der Transhumanz, die in Resten bis heute überlebt hat – und ein hartes Leben. Selbst Brotkrumen, die „migas", wussten die Hirten schmackhaft zu verwerten. Altes und inzwischen knochentrockenes Brot – es soll mindestens vier Tage alt sein – wird dafür zerkleinert und in Schafstalg oder Schmalz gebraten. Je nach Geschmack kommt auch noch ein Stück Speck oder chorizo mit in die Pfanne.

Älplermagronen

(SCHWEIZ)

2	Zwiebeln
2	Knoblauchzehen
400 g	festkochende Kartoffeln
150 g	Speckwürfel
½ l	Gemüsefonds
200 ml	Rahm
250 g	Teigwaren (z.B. Makkaroni oder Hörnchen)
60 g	geriebener Gruyère
	Salz
	Pfeffer

Zwiebeln in Ringe, Knoblauch in Scheiben, Kartoffeln in kleine Würfel schneiden. Speck, Zwiebeln und Knoblauch in der Pfanne goldbraun braten, herausnehmen und beiseitestellen. Bouillon und Rahm aufkochen, Kartoffeln und Teigwaren beigeben, zugedeckt ca. 10 Minuten al dente kochen, bis die Flüssigkeit aufgesogen ist. Käse daruntermischen, würzen. Speck-Zwiebel-Mischung darauf verteilen. Die Magronen werden sehr gerne mit Apfelmus gegessen.

5

Der in Galtür gebrannte Enzianschnaps schmeckt nach erdigem Almglück.

Wurzeln mit Charakter

In Galtür hat das Enzianstechen eine lange und genau durchgeplante Tradition.

das Halali der Wehmut
auf der Schneide des Mittags,
der Abschied von jedem
einzelnen Blatt.

CEES NOOTEBOOM, HERBST

PRÜFENDER BLICK GEN HIMMEL: ABENDROT ÜBER DER SILVRETTA. DAS VERSPRICHT GUTES WETTER. UND AUCH DIE WETTERFRÖSCHE GRINSEN: EIN FETTES HOCHDRUCKGEBIET hat sich über Mitteleuropa festgesetzt, vorerst sind keinerlei Niederschläge und Temperaturstürze in Sicht. Im Oktober kann es kalt werden in Galtür. Diesmal hat es schon Ende September bis in den Ort heruntergeschneit. Doch inzwischen ist der Herbst zurück, goldener als zuvor. Oswald Pfeifer ist optimistisch. Morgen würde man es schaffen, die diesjährige Ernte an Enzianwurzeln einzufahren. Aus ihnen wird Schnaps gebrannt, der berühmte, weil rare „Enzer", wie er heißt.

Die Pfeifers gehören zu jenen dreizehn Familien, denen diesmal das Glück ins Haus flog. Gemeinsam mit achtzig anderen Kandidaten haben sie sich im Sommer darum beworben, auf den Almwiesen und Abhängen im Jam- und Lareintal nach Enzianwurzeln graben zu dürfen. Um dann am 8. September, dem Tag des Kirchweihfests zu Mariä Geburt, bei der Auslosung eine der begehrten dreizehn Lizenzen zu ergattern. Diese erlaubt es ihnen, jeweils hundert Kilogramm der kostbaren Beute ins Tal zu schleppen.

Am nächsten Morgen steht die Mannschaft mit Rucksäcken, Buckelkraxen und Pickeln bereit: Oswald Pfeifer mit seinem Vater, Bruder und Neffen. Vier bis fünf kräftige und erfahrene Burschen und Männer sollten es sein, denn das Einbringen der Wurzeln ist strapaziös. Mit dem Jeep kurvt man hinein ins Jamtal, vorbei an der Menta- und Scheibenalm. Die Hütten sind verriegelt, die Rinder und Schafe wieder in den Ställen oder auf den Weiden rund um die Höfe. Die Wiesen wirken verlassen, die Vegetation macht sich bereit für den Winter.

Kurz vor der Jamtalhütte, ein Stück unterhalb des Gletschers, geht es zu Fuß weiter. Tau glitzert auf den Gräsern und Polstern. Der Herbst beginnt, die Blätter in seinen Farbtopf zu tauchen, ein zartes Leuchten in

Mit Schaufel und Spitzhacke gehts ins Jamtal.

Gelb-, Rot- und Brauntönen. Der Steig wird steiler, die Luft dünner. Atemwölkchen dringen aus den Mündern, vom Gletscher jagt ein kühler Wind daher. Da ist es gut, wenn man zügig bergwärts steigt und sich so warm hält. Auf einer Höhe von etwa 2600 Metern lässt sich die kleine Karawane bei den Plätzen nieder, an denen der Punktierte Enzian in Gruppen zusammensteht. Sein Laub ist trocken, die Kraft der Pflanze hat sich in die Wurzeln zurückgezogen. Sie sind der kostbare Rohstoff für den Enzer: eine Spezialität dieses Landstrichs und darin Teil seiner Kultur.

Galtür im Paznaun liegt in einem Grenzgebiet, in dem mehrere Sprachen und Kulturen aufeinanderprallten. Ein Dreiländereck: Tirol, Vorarlberg und das Engadin. Besiedelt von den Rätoromanen aus dem Süden und den Walsern, die sich, aus dem Rhônetal kommend, hier niederließen, war der Ort über viele Jahrhunderte hinweg zerrissen zwischen den Ansprüchen der Grafen von Tirol und der Bündner Grundherren. Doch nicht erst seit 1854, als die Schweiz die Gegend als österreichisch anerkannte, wissen die Galtürer, wohin und wem sie gehören: allein sich selbst.

Die Bewohner des Dorfes und der benachbarten Weiler gelten als eigensinnig und selbstbewusst. Einst waren sie arme Bauern, die sich als Schmuggler, Träger und Säumer durchschlugen oder sich auswärts als Handwerker verdingten. Buben und Mädchen im Schulalter wurden nach Deutschland geschickt und dort als Dienstboten verkauft: die Schwabenkinder, wie man sie nannte. Um 1850 zeichnete sich ein neuer Erwerbszweig ab. Erste Alpinisten trafen im Paznaun ein, um die Berge zu stürmen.

Galtür hängt am Tourismus. Während sich Ischgl nach der Errichtung der legendären Silvretta-Seilbahn 1962/63 im Eiltempo an die Spitze der Listen mit den Nächtigungszahlen katapultierte und als Las Vegas der Alpen zum Liebkind der Tourismusmanager avancierte, schlug man in der Nachbargemeinde eine langsamere Gangart ein. Die Menschen sperrten sich gegen die Vermarktung der Landschaft und verhinderten so das Projekt eines Schigebiets am Jamtalgletscher.

Vielleicht hat die Starrköpfigkeit der Galtürer mit Respekt zu tun. Im hinteren Paznaun hat man gelernt, mit und in der Natur zu leben und sich einzustellen auf Muren und Lawinen. Die ältesten Schutzmauern sind vierhundert Jahre alt. Wo man bauen durfte und wo nicht, das wusste man, die Kenntnis der Lawinenstriche, die Namen der Lanas und deren bevorzugte Wege wurden von Generation zu Generation weitergetragen. Auf etliche dieser Lawinen hat man regelmäßig gewartet, so klar waren sie vorhersehbar.

Und dann der Nachmittag des 23. Februar 1999. Zuerst ist ein Knall zu hören, ein dumpfer Schlag und ein wildes Rauschen. Ein plötzlicher Schneesturm tobt über die Ortschaft hinweg, Eiskristalle dringen in Ohren und Nasen und umschließen die Körper. Bis es gespenstisch still wird. Wenig später die ersten Schreie: „Die Lana." Eine Lawine musste abgegangen sein.

Erst nach und nach ließen sich die Ereignisse rekonstruieren, die jenseits aller Erfahrungen, Beobachtungen und Berechnungen waren. Einen Monat lang, von Ende Januar bis Ende Februar, hatte es beinahe täglich geschneit: ein Tief über Skandinavien, ein Hoch über dem Ostatlantik, dazwischen eine Strömung mit Warm- und Kaltfronten und großer Feuchtigkeit. Die Schneehöhen erreichten Extremwerte, die Lawinengefahr im Paznaun stieg besorgniserregend.

Am 23. Februar, kurz nach 16 Uhr, löste sich am Grieskogel eine Lawine, die auf die Gemeinde zuraste. Innerhalb von Sekunden und Minuten wuchs das Schneebrett zu einer vierhundert Meter breiten Staub- und Fließlawine an und jagte mit dreihundert Stundenkilometern zu Tal. Als sie die ersten Häuser von Galtür erreichte, hatte sie einen Druck von bis zu zehn Tonnen pro Quadratmeter – eine Kraft, der keine der Mauern zu widerstehen vermochte.

Die Lawine begrub dreiundfünfzig Menschen unter sich. Einunddreißig von ihnen konnten nur mehr tot geborgen werden.

Die Urlauber wurden ausgeflogen, die Galtürer blieben mit den Toten in ihrem zerstörten Dorf zurück. Man rückte zusammen. Und wenn sich nun ein solcher Winter mit einer ähnlichen Katastrophe wiederholt? Ängste drängten sich in die nächtlichen Träume. Doch wegziehen mochte niemand. Man schaute nach vorn.

Und heute? In der Kirche Mariä Geburt glitzert das Gold der barocken Ornamente im Herbstlicht, das in ihr Inneres flutet, am Friedhof erinnert eine Metallskulptur an die Opfer des 23. Februar 1999. „Es gibt keine Toten, es gibt nur die Lebenden, auf unserer Erde und im Jenseits." Von hier wandern die Augen nach oben. Der Steilhang mit Grieskogel und Adamsberg thront wie eine Festung über den Häusern. Schneebrücken aus Stahl stehen in Zehner- und Zwölferreihen überall dort, wo Lawinen abreißen könnten. Im Tal unten riesige Schutzmauern aus Beton und Stahl, mit großen Steinblöcken verkleidet: hundertneunundzwanzig Meter lang die eine, dreihundertfünfzig Meter die andere. Eingelassen in dieses schützende Bollwerk ist das Alpinarium, ein Dokumentationszentrum, das über den Alltag und die Kultur in den Bergen informiert. Galtür stellt sich seiner Geschichte, den guten und den schlechten Zeiten. Das Enziangraben, seit 2013 als „Wissen um die Standorte, das Ernten und das Verarbeiten des Punktierten Enzians" in die Liste des immateriellen Kulturerbes aufgenommen, ist Teil der Schau.

„Ich bin ins Enziangraben schon als Kind hineingewachsen", erzählt Oswald Pfeifer. Sein Vater, Oswald Pfeifer sen., war Bergführer und von klein auf ein leidenschaftlicher Graber. Ehrensache, dass er seine Buben in dieses Handwerk eingewiesen hat. Auch diesmal hatte er das Gebiet oberhalb der Jamtalhütte seit Wochen im Visier: Wo steht der Enzian heuer besonders dicht, wo entdeckt man die prächtigsten Pflanzenstöcke? Es gilt, Wurzeln von

bester Qualität aufzuspüren für einen außergewöhnlichen Schnaps. Die Flaschen mit dem strahlend blauen Enzian am Etikett, die der Spirituosenhandel wohlfeil anpreist, haben nichts mit dem Original zu tun. Etikettenschwindel, im wahrsten Sinn des Wortes. „Da ist meist nur ganz wenig von den gelben Enzianwurzeln drin und schon gar keine von den blauen“, so Oswald Pfeifer junior. „Oft wird da noch Obst beigemischt, um den Geschmack milder und gefälliger zu machen.“

Für die Galtürer ein Sakrileg. Sie setzen auf den Schnaps, der allein aus dem gelben Enzian gebrannt wird. Ganz reinsortig muss er sein. Die Gentiana punctata, der Punktierte Enzian, das gelb-gesprenkelte Mitglied der Familie, auch Tüpfel-Enzian genannt, wird zwanzig bis sechzig Zentimeter hoch, trägt blass- bis schmutziggelbe Blüten und gedeiht in den Süd- und Zentralalpen, mit Vorliebe auf kalkarmen Böden. Seit den 1960er-Jahren eine geschützte Pflanze, was für Galtür einen bitteren Einschnitt bedeutete. Da in jener alpinen Höhenlage weder Obst noch Getreide angebaut werden, kann man hier keinen anderen Schnaps erzeugen.

Natürlich wollte man mithelfen, die Population zu erhalten. Zu lange war Raubbau betrieben worden beim Ausgraben der Wurzeln. Früher, so erinnern sich die älteren Dorfbewohner, ist man nach der ersten Mahd in die Berge gestiegen, und dann gleich nach der zweiten nochmals. Der Schnapsverkauf war ein wichtiges wirtschaftliches Standbein. Die Zeiten sind vorbei. Nun aber galt es Maßnahmen zu erstreiten, den Tüpfel-Enzian unter Schutz zu stellen und zugleich die alte Tradition des Enzer-Brennens vor dem Verschwinden zu bewahren. Und so einigte man sich zu einer Sonderregelung: In jedem Herbst dürfen dreizehn Familien ausziehen, um auf den umliegenden Almen und Berghängen nach Wurzeln zu graben. Was wiederum heißt, dass sie sich in den darauffolgenden drei Jahren nicht an der Verlosung beteiligen dürfen.

Und überhaupt sind die Verordnungen strikt: hundert Kilogramm pro Partei, so die Vorschrift, geerntet jeweils nach dem 1. Oktober, wenn der Enzian seinen Samen schon gestreut hat. Die Wurzelspitzen müssen im Boden belassen und die Löcher, die man mit den Pickeln und Krampen geöffnet hat, wieder verschlossen und mit der Grasnarbe zugedeckt werden. „Aber es ist

Es braucht viel Erfahrung und Fingerspitzengefühl, um die Enzianwurzeln unbeschadet aus der Erde zu fördern.

ohnehin ziemlich schwer, eine ganze Wurzel zu erwischen", lacht Oswald. Meist steckt noch ein Rest fest, den man nicht zu fassen bekommt. So ein Tag am Berg ist anstrengend. Es braucht ordentlich Kraft, um die Wurzeln, die sich bis zu einen halben Meter tief ins Erdinnere erstrecken, freizulegen. Sie werden grob gereinigt und in riesige Rucksäcke gepackt. „Abends sind wir rechtschaffen müde: Über viele Stunden auf den Knien über das Gelände zu rutschen, das ist beinhart." Aber die Freuden einer solchen Expedition ins Revier des Enzians überlagern alle Schmerzen. „Wenn wir schönes Wetter erwischen und der Himmel blau über dem Jamtalgletscher hängt, dann ist die Arbeit ein Erlebnis. Und auch die Gemeinschaft ist etwas Schönes. Das schweißt uns zusammen."

Während die Pflicht, die unten in Galtür wartet, nicht ganz so beliebt ist. Dort werden die Wurzeln noch eine weiteres Mal geputzt, ehe man sie in die Brennerei bringt. Im Paznaun gibt es gleich mehrere Betriebe, die sich auf die Produktion von Enzianschnaps spezialisiert haben. Dort werden die Wurzeln gehäckselt und landen in Fässern, die man mit Wasser auffüllt.

Bis nach Weihnachten ist die Maische vergoren. Im Jänner beginnt dann das Brennen, im Februar holen sich die Pfeifers ihren Anteil ab. Ein Berg von hundert Kilogramm Wurzeln ist zu sieben Liter Schnaps geschrumpft. Eine kostbare Ausbeute. Nichts, was man täglich und ohne Andacht zu sich nimmt, wie Oswald erklärt. „Wenn ich mich vom Magen her nicht wohl fühle oder spüre, dass eine Grippe im Anrollen ist, ist der Enzer die beste Medizin." Von der Heilkraft der Enzianwurzeln weiß man seit ewigen Zeiten, die Breite des Wirkungsfelds macht staunen. Hilft bei Appetitlosigkeit, Blähungen und Krampfadern bis zu Rheuma, Gicht und Untergewicht. Ein Allheilmittel. Die Pfeifers servieren den Enzer als Remedium und zu ausgewählten Gelegenheiten. Trifft man sich zum Kartenspielen und es ist gerade besonders gemütlich, kann es gut sein, dass man sich ein Gläschen genehmigt. Oder wenn jemand einen runden Geburtstag feiert. „Wir trennen uns selten von einem kleinen Fläschchen, das ist für den solcherart Beschenkten ein Zeichen großer Wertschätzung." Und, kurzer Zusatz: „So man ihn überhaupt mag. Er schmeckt schon sehr rau und auf erdige Weise herb." Der Enzian gehört zu den bittersten Wurzeln, die im alpinen Boden wachsen. Entsprechend eigenwillig der Geschmack des Schnapses. „Wir hier in Galtür mögen ihn natürlich, aber um dieses spezielle Aroma zu schätzen, muss man zuerst eine harte Schule durchlaufen."

Wer die Prüfung bestanden hat, wird belohnt. In jedem Schlückchen Enzer sitzen die Bilder von Bergen und Almen, von blühenden Wiesen mit den Farbtupfern in Gelb, Blau und Lila. Darauf ein Glas! Und wehe dem, der nun den Mund verzieht. Der Enzer ist eben ein Schnaps mit Charakter. So wie die Menschen, die seine Wurzeln ausgraben. Mit ihm und ihnen ist gut sein.

Beschaulich liegt der kleine Ort Galtür am Eingang ins Jamtal.

Schwarzbeerbuttermilch

400 g	Schwarzbeeren (Heidelbeeren)
2 EL	Staubzucker oder Honig
1 l	Buttermilch
	Zitronenmelisseblättchen

Die Beeren verlesen, waschen und abtropfen lassen. Zusammen mit dem Staubzucker im Mixer oder auch mit Hilfe eines Pürierstabs fein zerquireln. Die Buttermilch langsam dazugießen und unterrühren. Kühl servieren, mit Zitronenmelisse garnieren.

Hollersprudel

6	Holunderblütendolden
6 l	Wasser
1/8 l	Essig
½ kg	Zucker
	Scheiben von 2 unbehandelten Zitronen

Alle Zutaten in ein großes Gefäß (Glas, Email, Keramik) geben, mit einem Tuch zudecken und bei Zimmertemperatur 2 Tage stehen lassen. Dann in kurzen Abständen daran riechen. Wenn das Getränk einen fein-säuerlichen, angenehmen Duft entwickelt hat, die Gärung abbrechen. Dazu den Ansatz abseihen, den Sprudel in Flaschen füllen und in den Kühlschrank stellen. Eine knappe Woche haltbar.

Waldmeistersirup

20 g	frische Waldmeisterblätter
250 ml	Wasser
120 g	Zucker
2	Scheiben von 1 Bio-Zitrone
	wahlweise ein paar Tropfen grüne Lebensmittelfarbe

Die Waldmeisterblätter auf Backpapier ausbreiten und über Nacht antrocknen lassen. Wasser und Zucker zu einem leichten Sirup verkochen und warm abkühlen lassen. Die Zitronenscheiben mit den nun welken Waldmeisterblättern in den warmen Sirup geben, den Topf mit einem sauberen Tuch bedecken und an einem trockenen, kühlen Ort 48 Stunden ziehen lassen. Die Farbe des Sirups auf Wunsch noch mit etwas grüner Lebensmittelfarbe verstärken, durch ein feines Sieb in eine sterile Flasche passieren. Gut verschlossen und kühl lagern. Der Sirup bleibt ein bis zwei Monate haltbar.

Preiselbeersaft

1¼ kg	Preiselbeeren
1 l	Wasser
1 kg	Zucker
25 g	Zitronensäure

Die Beeren quetschen, Wasser und Zitronensäure dazugeben und 24 Stunden stehen lassen. Durch ein Tuch seihen, Zucker dazugeben, mit einem Kochlöffel öfter umrühren, so dass sich der Zucker auflöst. Dann nochmals 24 Stunden stehen lassen. Kurz aufkochen, sofort in Flaschen füllen und gut zuschrauben. Der Saft hält mehrere Monate. Der Saft hilft bei Grippe.

Zitronenmelissensirup

1	Sieb voll Zitronenmelissenblätter ohne Stiel
2 l	Wasser
1½ kg	Zucker
1	Zitrone, in Schnitzen
40 g	Zitronensäure

Das Wasser aufkochen, die Melissenblätter dazugeben, mischen und den Topf vom Herd ziehen. Den Zucker, die Zitronenschnitze und die Zitronensäure dazugeben, gut umrühren, zudecken und 1 bis 2 Tage stehen lassen, dazwischen mehrmals umrühren.

Die Melissenblätter leicht auspressen und entfernen. Die Flüssigkeit filtrieren, in einen Topf gießen und kurz aufkochen. Den Sirup siedend heiß in sterile, vorgewärmte Flaschen füllen. Der Sirup hält etliche Monate.

Johanniskrautlikör

25 g	Johanniskraut
20 g	Melisse
10 g	Lavendel
1 l	Korn oder Wodka (40% Alkohol)
300 g	Zucker
1 l	Wasser

Johanniskraut, Lavendel und Melisse in ein Schraubglas füllen, bis es etwa zu einem Drittel voll ist. Mit Korn oder Wodka aufgießen. Das Glas verschließen und 3 Wochen ans Fenster stellen und dann abseihen. Wasser mit Zucker aufkochen, auskühlen lassen und mit dem Kräuterauszug mischen.

Die Kräuter können frisch oder auch getrocknet verwendet werden. Der Likör gilt als Stimmungsaufheller für dunkle Tage.

Nussschnaps für den Magen

6–8	frische, grüne Walnüsse mit Schale (um den Johannitag geerntet)
4–5	Gewürznelken
¼	Zimstange
150 g	brauner Zucker
0,7 l	Korn oder Wodka
	destilliertes Wasser

Die noch weichen, grünen Nüsse waschen, trocknen und vierteln. Mit den Gewürzen, dem Zucker und dem Alkohol in ein weithalsiges Gefäß geben. Gut verschließen und etwa 6 Monate lang an einen sonnigen Platz stellen. Nicht schütteln, der Inhalt verfärbt sich ganz dunkel. Danach filtrieren, mit destilliertem Wasser im Verhältnis 1: 4 verdünnen und in eine Flasche füllen. Der Schnaps soll weitere 3 Monate reifen.

Der bittere Schnaps empfiehlt sich besonders bei Magenbeschwerden und Völlegefühl.

Schwarzbeerlikör

500 g	gesäuberte Schwarzbeeren
500 ml	guter Getreideschnaps
	gekochter Zuckersirup aus 200 ml Wasser und 150 g hellem Rohrzucker

Die Beeren in ein verschließbares Glas geben und mit Schnaps übergießen. An einen sonnigen Fensterplatz stellen und 4 bis 5 Wochen ziehen lassen. Das verschlossene Glas in den ersten Tagen ein- bis zweimal schütteln. Schwarzbeeransatz durch ein feines Sieb oder Tuch passieren und mit dem abgekühlten Sirup verrühren. Den Likör in sterile Fläschchen füllen und gut verschlossen aufbewahren.

Zirbengeist

3–5	Zirbenzapfen
200 g	Kandiszucker
1 l	Kornbrand

Zirbenzapfen von Nadeln und Schmutz befreien und in ½ cm dicke Scheiben schneiden. Diese Scheiben in ein großes Glas geben und mit Kandiszucker bestreuen. Mit Kornbrand auffüllen und den Deckel verschließen. Das Glas für 3 bis 4 Wochen an einen warmen, sonnigen Ort stellen. In der Zeit das Glas mit dem Inhalt vorsichtig drehen, damit der Zirbengeist eine schöne Farbe bekommt. In dunkle Flaschen füllen und kühl aufbewahren.

Almkaffee

1 l	Bohnenkaffee
1 l	Milch
	Zimtrinde
	Nelken
1 Päckchen	Vanillezucker
3	Eidotter
250 ml	Rahm
ca. 125 ml	Rum
ca. 125 ml	Schnaps oder auch Cognac
	Zucker nach Belieben

Einen kräftigen Bohnenkaffee zubereiten. 750 ml Milch mit den Gewürzen und dem Vanillezucker aufkochen. 250 ml Milch mit den restlichen Zutaten versprudeln und in die aufgekochte Milch einrühren. Gut durchziehen lassen, dann die Zimtrinde und Nelken entfernen. Bohnenkaffee dazugeben und je nach Gusto zuckern.

Auf fast jeder Alm gibt es andere Rezepte für diesen Almkaffee. Oft ist Sternanis mit dabei. Es gilt das Küchengeheimnis!

Wohltuender Kräutertee

1 Teil	Spitzwegerichblätter
1 Teil	Malvenblüten
1 Teil	Eibischwurzel
½ l	Wasser

Das Wasser aufkochen und abkühlen lassen. 1 TL der getrockneten Kräutermischung in dem abgekochten, kalten Wasser ansetzen und 4 bis 6 Stunden ziehen lassen. Dann abseihen und den Tee vor dem Trinken wieder anwärmen.

Den ganzen Tag über nach Bedarf trinken. Wirkt bei kratzigem, trockenem Hals.

6

Süße Sailinge für alle:
Almabtrieb im steirischen Radmer

Wenn der Bartl ins Schaff fällt

Im Ortsteil Radmer an der Stube befindet sich die Wallfahrtskirche zum heiligen Antonius von Padua.

Da sagt der Landmann: Es ist gut.
Ihr Abendglocken, lang und leise
Gebt noch zum Ende frohen Mut.
Ein Vogelzug grüßt auf der Reise.

GEORG TRAKL, VERKLÄRTER HERBST

DER WEG IST ANSTRENGEND. EIN STEILER PFAD ZIEHT BERGWÄRTS, IN ENGEN SERPENTINEN, AUF RUTSCHIGEM GELÄNDE. DER WALD WIRD DICHTER, ES RIECHT NACH PILZEN UND feuchtem Holz. Die Bäche erzählen von heftigen Gewittern. Sie haben Geröll ins Tal gespült und die Ufer aus ihren Verankerungen gerissen. Größere Steine sind liegengeblieben, kleine Inseln für die Wanderer, wenn sie übers Wasser springen. Nach mehr als einer Stunde bricht die Sonne durchs Geäst. Die Trittspuren von Rindern lassen Weidegründe erahnen. Davon ist vorerst nichts zu entdecken. Ein neuerlicher Anstieg, vorbei an einem dem heiligen Antonius geweihten Marterl. Ihn verehrt man in Radmer besonders inbrünstig. Vor seinem Bild stehen frische Blumen. Weit sollte es nicht mehr sein bis zur Alm.

Eindrucksvoll erhebt sich der Lugauer über das Radmertal und die Seekaralm. Gerne wird der formschöne Gipfel das „Steirische Matterhorn" genannt.

Nochmals fünfzig Höhenmeter, dann sind alle Mühen vergessen. Eine Holzhütte duckt sich in eine Mulde, ein Zaun steckt die Grenzen des Vorgartens ab: das Reich von Maria Furtner. Seit bald vierzig Jahren hat sie sich auf der Seekaralm in einem spartanisch anmutenden Alltag eingerichtet. Ein paar Quadratmeter Wiese und darin ein kleiner Verschlag, in dem früher die Schweine untergebracht waren, ein Brunnen mit einer ausgewaschenen Holzwanne. Die Hütte mit Tisch und Bank unter dem Vordach, das Kruzifix. Neben, hinter und vor ihrem Haus ein atemberaubendes Panorama, von der Lahnerleiten über den Zeiritzkampel hinüber zum Adlerkogel und zum Lugauer, dem steirischen Matterhorn. Aber heute ist niemand da, der sich über die Aussicht und das Gefühl uneingeschränkter Freiheit freuen könnte. Kein Mensch zu sehen, auch kein Vieh. Es ist still, kein Bimmeln, kein Blöken, nichts. Nur die Dohlen kreisen krächzend über der Hochebene.

Die Türe ist verschlossen. Doch an einem Nagel hängt eine Jacke, handgestrickt aus grauer Schafwolle. Ein Zeichen: Für Maria Furtner ist der Almsommer nicht zu Ende. Ihr bleiben zwei kurze Wochen, ehe sie mit den Tieren auf den Hof in Landl zurückmuss. An diesem ersten Sonntag im September ist sie ausgeflogen. Ein paar Stunden später begegnet man Maria auf dem Wanderparkplatz von Hinterradmer: eine kleine, quirlige Person, mit blauen Augen und einem verschmitzten Lächeln, die Wangen von der Aufregung gerötet. Gemeinsam mit den Sennerinnen und den Nachbaralmen putzt sie das Vieh auf, das sich in ein paar Stunden den Bewohnern von Radmer präsentieren wird, frisch gestriegelt, mit festen Muskeln und Sehnen und klaren Augen. Susi, Rosa und Alma haben das Zeug für den Laufsteg. Der Almabtrieb wird zur Parade ländlicher Schönheiten und zu einem der Höhepunkte des bäuerlichen Jahreslaufs.

Zerklüftete Wände recken sich senkrecht nach oben. Wie Wächter bauen sie sich vor Eindringlingen auf und schließen Radmer nach Hieflau und Eisenerz ab. Wer hier lebte, in einem der beiden Ortsteile mit den sprechenden Namen Radmer an der Stube und Radmer an der Hasel, hatte den Fels im Blick und schaute kaum je über die steinernen Türme hinaus.

Schon in der Frühgeschichte siedelten hier Menschen, angelockt von den reichen Kupfervorkommen. Bis zum Spätmittelalter waren sechzig Stollen aus dem Gestein geschrämt, Radmer galt als eines der vier bedeutendsten Abbaugebiete Europas. Entsprechend wuchsen der Wohlstand der Bevölkerung und damit auch der Mut zu eigenen Entscheidungen. Die Glaubenssätze des Martin Luther fielen hier auf fruchtbaren Boden. Als die Diözese Seckau mit der Gegenreformation begann, weigerten sich die kirchlichen Truppen, sich in Radmer dem „groben Gesindel und unartigen Volk" auszuliefern. Die gewaltsame Missionierung gelang trotzdem und endete schließlich in einem Vertrag mit Bischof und Kaiser: Wenn sich die zur rechten Religion bekehrten Schäfchen gehorsam unter ihre Fittiche begeben und den festgefügten Zaun der katholischen Doktrinen nicht mehr niederreißen würden, wäre man bereit, ihnen eine prächtige Kirche zu spendieren, so das Versprechen.

Und so geschah es: Am 10. August 1602 wurde die Wallfahrtskirche eingeweiht und dem Antonius von Padua gestiftet. Seither ist der Heilige der Schutzpatron der Gegend, gemeinsam mit den Habsburgern, die über etliche Jahrhunderte hinweg ein besonderes Auge auf das Tal von Radmer hatten. Die Wälder, Almgründe und Berghänge waren berühmt für ihren Wildbestand. Kaiser Franz Joseph ließ 1872 ein Jagdschloss erbauen: einer seiner bevorzugten Zufluchtsorte, wenn er der Hofburg und Schönbrunn entfliehen und sich der Zerstreuung durch die Jagd hingeben wollte. Auch Sisi entzog sich hier den Wiener Intrigen.

Doch die Zeiten nobler Jagdpartien und abendlicher Gesellschaften sind lange vorbei. 1855 wurde der Bergbau eingestellt, die Gewerken und Knappen wanderten ab. Schloss Greifenberg, um 1600 in der jetzigen Form errichtet und dereinst Sitz eines vermögenden Gewerken, ist verwaist.

Wenn der Almsommer unfallfrei verlaufen ist, werden die Tiere feierlich „aufgekränzt" und mit sichtlichem Stolz ins Tal geführt.

Auch für die Kinder gehört der Almabtrieb zu den großen Höhepunkten am Ende des Almsommers.

Argwöhnisch werden
die Treiber von den
Tieren beobachtet.
Und umgekehrt ebenso.

In Radmer ist die Landflucht groß. Die meisten der gut fünfhundert Bewohner pendeln aus, ein paar wenige halten Rinder, Schafe und Hühner. Der Sängerball, das Fassdaubenlaufen, das Antoni-Fest, der Almabtrieb: Die Dorfgemeinschaft steht eng zusammen. Besonders dann, wenn es um die Erhaltung der Almen geht. Sie sind Teil der Identität.

Im späten Frühling werden die Rinder rastlos. In jenen Wochen spürt auch Maria Furtner eine innere Unruhe. Die Seekaralm gehört zum Speer-Hof in Landl, einem kleinen Flecken, etwa fünfzehn Kilometer von Radmer entfernt. Anfang Juni packt Maria ihren Rucksack und übersiedelt mit ihren Pinzgauern auf die Alm. Der Strom kommt von den Sonnenkollektoren und einem Windrad, das Wasser aus der nahegelegenen Quelle. Ab und zu schauen Besucher vorbei, auf ein Brot mit Steirerkas oder Speck, einen Tee oder einen Almkaffee. Bei Regen bleibt Maria oft für sich. „Ich fürchte mich vor nichts und niemandem, das Alleinsein macht mir nichts aus." Sie zieht ihre Runden übers Plateau, bringt ihre Rinder in Sicherheit, wenn es zu schneien droht und sorgt dafür, dass ihr das Brennholz nicht ausgeht. Hin und wieder hat sie Kontakt mit den Haltern und Sennerinnen der Nachbaralmen. „Wir haben immer eine Gaudi, wenn wir uns sehen – und ich lass mir auch von niemandem was gefallen", lacht sie.

Etwas mehr als drei Monate dauert der Sommer. Er neigt sich schneller zu Ende als unten im Tal. Während dort die Hitze über den Häuserschluchten, Feldern und Äckern brütet, beginnt sich die Natur über der Waldgrenze auf den Herbst vorzubereiten. Wenn der Hahnenfuß, das Schmalzbleaml und der Frauenmantel blühen, gibt es noch genügend Futter für die Tiere. Sobald sich aber der Augentrost zeigt – der Milchdieb, wie die Sennerinnen sagen – und die Glockenblumen in voller Pracht stehen, ist die Wende überschritten.
„A jed´s Gleckerl nimmt an Tropfen Milch", weiß der Volksmund. Und setzt dann ein zweites Sprücherl drauf: „Der Jockl tuat kosten, da Lenz tunkt den Boascht ein und der Baschtl fallt ganz drein." Drei Heilige und die Milch:

Jakobus kostet und stiehlt so ein paar Schlucke Milch, der Laurentius ist da forscher und taucht seinen Bart in die Milch, während der Bartholomäus gleich ins Schaff fällt.

Jacobi am 25. Juli ist vielerorts ein Grund zu feiern. Wenn man im Kalender aber dem Lenz oder dem Bartl begegnet, am 10. und 24. August, wächst die Wehmut. Die Tage sind kürzer geworden, die Schatten länger. Solange das Wetter gut ist, trennt sich niemand gerne von der Alm. Anders bei Regen oder Nebel, da wird es schnell ungemütlich. Aber man hat ohnehin keine Wahl: Die Lobby der Jagdbesitzer ist stark, sie drängen auf den Abtrieb.

Das Verhältnis zwischen den Sennerinnen, Almbauern und Jägern ist fragil. Man beäugt einander aus den Augenwinkeln. Dass die Rinder für Unfrieden im Jagdgebiet sorgen, hat sich längst als Mythos erwiesen. Im Gegenteil: Wenn die Almflächen schrumpfen, verliert auch das Wild an Lebensraum und sein Bestand nimmt ab. Die Jagdpächter wünschen sich Reviere, in denen regelmäßig geschwendet und die Bergweiden abgegrast werden. Dann finden Rehe und Hirsche im Herbst noch genügend Futter und Brunftplätze.

In Radmer ist der erste Septembersamstag für den Almabtrieb reserviert. Dass Maria Furtner länger bleiben darf, verdankt sie alten Rechten: Seit den Zeiten Maria Theresias existiert ein zum Hof gehöriges Servitut, das es ihr erlaubt, die Weiden unterm Seekar bis zum 20. September zu belegen. Um diese Vereinbarung beneiden sie viele. Für Maria ist es selbstverständlich Ehrensache, ihren Kolleginnen und Kollegen beim Aufkranzeln zu helfen und mit den Herden durchs Dorf zu ziehen.

In der Woche vor der Rückkehr ins Tal ist auf der Brunnkar-, Kammerl- und Neuburg-Alm geschäftige Aufbruchsstimmung zu spüren. Hab und Gut müssen gepackt, Butter und Käselaibe in Kisten verstaut werden. Danach ist der Germteig für die Alm-Sailinge dran. Wenn er kräftig aufgegangen ist, wird

Seit jeher wird in der Radmer der Almabtriebszug von „Sautreibern" begleitet. Vorsicht, wer den schwarzen Gesellen zu nahe kommt, wird mit seinen rußigen Fingern beschmiert.

Gösser

Da sind wohl einige Besucher den Sautreibern zu nahe gekommen.

er zu Kugeln geformt oder ausgerollt und mit kleinen Formen ausgestochen. Sie landen im heißen Fett und als krosses Schmalzgebäck in Weidenkörben: ein Gruß von der Alm. Zuletzt werden Hütte und Ställe geputzt und die Zäune abgebaut. Der Schlüssel dreht sich im Schloss, die Tiere sind aufgeregt. Sie kennen den Weg.

In Radmer ist es Brauch, das Vieh schon am Vorabend des offiziellen Almabtriebs am Talschluss zu versammeln. Tags darauf treffen sich Sennerinnen und Hirten in Hinterradmer, um ihre Pinzgauer und Schecken aufzuputzen. Sofern man keines von ihnen im Sommer verloren hat. Ist ein Rind oder Pferd abgestürzt, hat der Blitz eines der Schafe oder der Geier ein Lamm getötet, dann wird gar nicht oder nur bescheiden aufgekränzt. Ähnlich, wenn ein Trauerfall in einer der Bauersfamilien die Festlaune trübt. Da werden den Rindern oft schwarze Schleifen umgehängt.

Von derlei Unglücken sind die Almbauern in Radmer in diesem Jahr verschont geblieben. Leitkuh Susi wird besonders prächtig aufgeputzt.

Sie trägt die schwere Fahrglocke mit Gleichmut. Auch ihre etwas kleineren Schwestern, Töchter und Cousinen sind mit Girlanden und Bändern, Spiegeln, Borten und Flitter, mit Gestecken aus Zirbe und Wacholder geschmückt. Inzwischen sind die Bäuerinnen und Bauern mit ihren zu verschiedenen Themenkreisen gestalteten Traktoren und Anhängern vorgefahren, um sich zwischen den Herden in Position zu bringen. Die Zeremonienmeister geben Anweisungen: jeder auf seinen Platz.

Auch im drei Kilometer entfernten Radmer an der Stube laufen die Vorbereitungen auf Hochtouren. Die Wiesen rund um die Kirche sind zu Parkplätzen umfunktioniert, die Neuankömmlinge werden von den Mitgliedern der Freiwilligen Feuerwehr an die noch freien Stellen dirigiert. Das Festzelt mit Tanzboden und soliden Bier-, Wein- und Schnapsvorräten verspricht eine lange Nacht. Eine Handvoll Buden lockt mit Getränken, Frankfurtern, Bratwürsten mit Kraut und selbstgebackenem Kuchen. Das Rahmkoch ist eine Reminiszenz an die Almküche: eine Süßspeise aus Mehl, Butter und Rahm, zu einer feisten Masse verkocht.

Gespannte Aufregung liegt in der Luft. Gegen halb drei Uhr nachmittags, Gottesdienst und Bieranstich sind absolviert, soll es in Hinterradmer losgehen. Eine knappe Stunde würde der Aufmarsch dauern, so die Planung, ehe er den Dorfplatz erreicht. Wenn alles glatt läuft. Das Temperament der Tiere bestimmt das Tempo. Erste Böller, Rauch und das Knallen von Peitschen kündigen den Zug an. Doch die Karawane lässt auf sich warten. Und dann endlich – die Musikkapelle von Radmer macht den Auftakt, gefolgt von zwei Reitern und einem ersten Traktor mit der Erntekrone aus Tannenzweigen und Ähren. Ein Zeichen des Danks: Gott hat es gut mit uns gemeint in diesem Almsommer. Nun aber treten die eigentlichen Hauptdarsteller der Vorstellung auf. Susi führt die Herden an, die in kleinen Formationen über den Hügel heruntertrotten. Sie haben es nicht eilig, und auch die Sennerinnen und Halter sind heute geduldiger als sonst.

Die Stimmung ist aufgeräumt, Scherze fliegen hin und her. Bis ein Schrei zu hören ist. Die Sautreiber sind aufgetaucht: das Gesicht gerußt, nur das Weiß der Zähne und der Augen blitzt aus dem dunklen Antlitz. Junge Männer in der Rolle einer alten traditionellen Figur. Sie erinnert an jene Zeiten, da man auch Schweine auf die Almen trieb. Sie wieder ins Tal zu befördern, war jedes Mal ein Abenteuer. Sie weigerten sich, über die Brücken zu laufen, und mussten über die Bäche getragen werden.

Die Sautreiber sind beliebte und zugleich gefürchtete Glücksbringer: stürzen sich auf jede und jeden, der ihnen in die Quere kommt, klecksen schwarze Flecken aus Ruß oder Schuhcreme auf Stirn, Wangen oder auch Ohren und sind nicht zimperlich mit der einen oder anderen Ohrfeige oder einem losen Wort. Wer sich allzu ängstlich zeigt oder keinen Schnaps bei der Hand hat, um die laut tobenden Gesellen zu besänftigen, stachelt sie damit nur doppelt an. Bis sie gegen Abend vollends außer Rand und Band geraten sind.

Immer neue Traktoren tuckern heran. Die Bauersleute haben ihre kostbarsten Gefährte von den Tennen geholt und veranstalten damit einen alpinen Korso: ein Steyr Puch 15, Baujahr 1953, ein Lindner 450, Baujahr 1970, oder der MAN 2F 1, Baujahr 1959. In ihrem Schlepptau die Anhänger mit den ideenreich arrangierten Aufbauten. Sie spiegeln das Leben auf der Alm, in den Wäldern und unten im Tal: der Wagen mit Butterfass, Melkschemel und Käseformen als Symbol für die Arbeit der Sennerin, die Ladefläche, wo Holzknechte mit Äxten und Sägen mächtige Baumstämme bearbeiten, oder das Fuhrwerk mit Ziege, Schaf und Schwein. Die Jäger brüsten sich mit einem Zwölfender, die Bergmänner mit Schlägel und Hammer.

Dazwischen verschiedene Abordnungen von Rindern und die Goaßlschnalzer mit ihren Peitschen. Die Sennerinnen verteilen die begehrten Alm-Sailinge. Jede Familie hat ihr eigenes Rezept, und fast jede Region des Landes ihre lokaltypische Spezialität, um das glückliche Ende des Almsommers zu feiern und sich mit Raunggerln, Fedlkrapfen, Rumplnudeln oder Almkrapfen für Hilfe und Zuspruch zu bedanken. Die Kinder jagen den Süßigkeiten hinterher, die von den Wägen geschmissen werden, die Erwachsenen sind froh, ein paar der kostbaren Sailinge zu ergattern.

Der Zug treibt gemächlich auf den Festplatz zu. Bis plötzlich ein Trupp Kühe ausbricht und wie wild davonstürmt. Sie haben gewittert, dass das Gras entlang der Straße saftiger ist als das, was sie zuletzt auf den Almen gefunden haben. Die Halter haben ordentlich zu tun, sie einzufangen. Eine halbe Stunde später weiden die Tiere auf den Wiesen rund ums Dorf. Angekommen. Nun kann das eigentliche Fest beginnen. Die Musikanten legen neuerlich los, gleich mehrere Musikkapellen spielen auf. Es gibt die eine Tombola und ein Wettsägen, alles begleitet vom Flirten, Lachen und Grölen rundum.

Es ist dunkel, als Maria Furtner auf die Seekaralm hinaufsteigt. Unten im Tal tanzt der Bär. Die Melodien von Polka und Walzer begleiten sie auf ihrem Heimweg. Bis der dichte Wald die letzten Klänge verschluckt. Maria ist müde, als sie auf der Bank vor der Hütte ihren Tee trinkt. Ein paar Tage noch. Dann geht auch ihr Sommer zu Ende.

Sobald die Pinzgauer auf die Anhänger verladen sind, verschließt Maria die Fenster und Türen und überlässt die Hütte den Geistern, Widergängern und Kasermandln. Es ist an der Zeit für den Abschied. Wenn der kalte Wind übers Joch jagt und der Frost in den Boden kriecht, hat der Mensch auf den Almen nichts mehr zu suchen. Nun gehören die Wiesen nur mehr sich selbst. In den Trittspuren der Kühe friert das Wasser, Reif legt sich über die Hagebutten und Föhren. Zeit, sich langsam in den Schlaf zu wiegen und zu warten, bis der Winter ins Land zieht. Und davon zu träumen, dass sich der nächste Almfrühling schon irgendwo hinter den sieben Bergen versteckt. Seine Zeit wird kommen.

Steirische Alm-Sailinge

500 g	Mehl
60 g	Zucker
40 g	Butter
¼ l	Milch
40 g	Germ
2 EL	Rum
4	Eidotter
	Salz
	Zitronenschale
	Vanillezucker, evtl. Rosinen
	Fett zum Herausbacken
	Zucker-Zimt-Mischung zum Bestreuen

Eidotter, Zucker und Butter schaumig rühren. Mehl, Milch und Germ mischen, Salz dazugeben. Zusammen mit der Dotter-Zucker-Butter-Mischung und dem Rum, der Zitronenschale und dem Vanillezucker zu einem Teig verarbeiten.
Wer mag, fügt auch noch Rosinen dazu.
An einem warmen Ort ca. 1 Stunde gehen lassen. Teig 1 cm dick auswalken und mit einem Stamperl o.Ä. kleine Formen ausstechen. Auf dem Küchenbrett nochmals zugedeckt gehen lassen. Im heißen Fett herausbacken und mit einer Zucker-Zimt-Mischung bestreuen.

Topfenkisserln

250 g	Topfen
200 g	Dinkelmehl
1 Prise	Salz
	Butterschmalz

Aus Topfen, Mehl und Salz einen festen Teig kneten und ca. 1 cm dick auswalken. Kleine Rauten ausstechen und in heißem Butterschmalz herausbacken. Abtropfen lassen und mit Staubzucker bestreuen.

Topfen-Grieß-Knödel

80 g	Butter
1	Ei
	Salz
150 g	Grieß
¼ kg	Topfen

Butter und Ei abtreiben, Grieß und Topfen untermengen. Knödel formen und ca. 15 Minuten in gesalzenem Wasser kochen. Wer es süßer mag, gibt noch etwas Zucker dazu. Die Knödel können auch mit Obst gefüllt oder mit Kompott und Butter-Nuss-Bröseln serviert werden.

Schnuraus

500 g	griffiges Mehl
1	Würfel Germ
	etwas Salz
1	Ei
2 EL	Zucker
¼ l	Milch
	Fett zum Backen
	Zucker und Zimt

Aus 2 EL Mehl, 1 EL Zucker, Germ und 3 EL lauwarmer Milch ein Dampfl ansetzen und gehen lassen, bis das doppelte Volumen erreicht ist. Die übrigen Zutaten lauwarm hinzufügen und gut durchkneten, der Teig soll Blasen werfen und anschließend eine Stunde an einem warmen Ort aufgehen.
Stücke vom Teig daumendick wuzeln und mit dem Löffel kleine Stückchen abtrennen. Diese im heißen Fett goldbraun backen. Abtropfen lassen und mit einer Zucker-Zimt-Mischung bestreuen.

Rumplnudeln

oft auch Raunggerln oder Böllan genannt

500 g	glattes Mehl
50 g	Staubzucker
1 TL	Anis
½ TL	Zimt
1 Prise	Salz
150 g	Butter
3 EL	Rahm
	Staubzucker und Zimt
	Fett zum Herausbacken

Aus Mehl, Staubzucker, Anis, Zimt, Salz, Butter und Rahm einen Mürbteig kneten. Am besten schnell, damit er beim Auswalken nicht bricht. Den Teig fingerdick auswalken und kleine Formen ausstechen. Diese in heißem Backfett (Butterschmalz oder Öl, mindestens 2 Fingerbreit hoch) herausbacken.

Zum Schluss auf einem mit Küchenpapier bedeckten Backgitter abtropfen lassen. Noch warm in der Zucker-Zimt-Mischung wälzen.

Süße Topfennocken

250 g	Topfen
3	Eier
120 g	Mehl
	Salz
1 EL	Rahm
60 g	Butter
6 EL	Wasser
3 EL	Rahm
	Zucker zum Bestreuen

Den Topfen mit den Eiern, Mehl, Salz und einem Löffel Rahm glattrühren. In einem Kochtopf Butter und Wasser erhitzen, mit dem Löffel kleine Nocken einlegen, gut verschließen und langsam dünsten lassen, bis es prasselt. Sobald die Nocken unten braun sind, umdrehen, 3 Esslöffel Rahm dazugeben, kurz eindünsten lassen und die Nocken mit Zucker bestreut anrichten.
Dazu passt ein Kompott aus Äpfeln, Birnen, Preiselbeeren oder Heidelbeeren.

Kaiserschmarren

250 g	Mehl
knapp ½ l	Milch
4	Eier
	Sultaninen
	etwas Salz
	Zucker nach Belieben
	Butter oder Butterschmalz

Aus Mehl, Milch, Salz und den Dottern einen glatten Teig rühren und die Sultaninen dazugeben. Eischnee schlagen und diesen unterziehen. Den Teig fingerdick in die heiße Butter gießen, die erste Seite zugedeckt goldgelb backen, umdrehen, offen fertigbacken und dabei mit zwei Gabeln in Stücke reißen. Mit Zucker bestreut servieren. Gut schmeckt dazu ein Kompott aus Preiselbeeren oder auch Apfelmus.

Moosbeernocken

Schwarz- oder Heidelbeernocken

300 g	Mehl
	Salz
2–3	Eier
3/8 l	Milch
1 l	Schwarzbeeren
	Butterschmalz oder Butter zum Herausbacken
	Zucker zum Bestreuen

Aus Mehl, Salz, Eiern und Milch einen Teig anrühren und die Beeren untermischen. In einer flachen Pfanne etwas Butterschmalz heiß werden lassen und mit einem Löffel Häufchen der Beerennocken eingießen. Sie fließen auseinander, man soll sie deshalb nicht zu eng aneinandersetzen. Die Nocken auf beiden Seiten hellbraun backen, herausnehmen und gut anzuckern.

Auf den Almen, wo Eier rar waren und nur ab und zu vom Tal heraufgebracht wurden (sofern man sich nicht Hühner hielt), wurden die Nocken oft auch ohne Eier zubereitet. Die Beeren mit Mehl überstreuen, salzen und mit Milch zu einem dicklichen Teig anrühren und braten. Die Nocken werden dann mit Zuckerwasser übergossen (1/8 l Wasser mit 80 g Zucker aufkochen und 1 EL Zitronensaft hinzufügen).

Rahmkoch

500 g	Mehl
¼ l	Rahm
250 g	Butter
1 Prise	Salz
	Zucker nach Geschmack
	Anis, Rosinen, Zimt
	ev. einen Schuss Rum
1	Ei

Rahm und Mehl in einer Schüssel zu kleinen Brockerln vermengen. Dann die Butter schmelzen und das Gemisch dazugeben. Bei schwacher Hitze und unter ständigem Rühren auskochen. Erst dann den Zucker und die Gewürze dazugeben.
Wer mag, fügt auch noch einen Schuss Rum hinzu. Fällt die Masse dickflüssig vom Löffel, dann ist der Rahmkoch fertig. Jetzt kommt noch das Ei dazu. Der Rahmkoch wird nun in eine Kasten- oder Rehrückenform gefüllt und einige Stunden kalt gestellt.
In Stücke geschnitten servieren.

Tiroler Kirchtagskrapfen

400 g	Mehl
	Salz
100 g	Butter
1	Dotter
1 EL	Rum
ca. 3/16 l	Milchwasser

Fülle

300 g	gekochte, faschierte Dörrbirnen
1/8 l	Milch
120 g	Zucker
150 g	geriebener Mohn
50 g	Butter
	Zitronenschale, Zimt
	Nelkenpulver, Rum
	Schmalz zum Herausbacken
	Staubzucker

Das Mehl salzen, die Butter hineinraspeln, unterheben und mit dem Dotter, Milchwasser und Rum zu einem weicheren Teig verarbeiten und gut kneten. Aus diesem Teig 4 gleich große Stücke formen und jedes einzelne so lange kneten, bis es seidenglatt ist. Die Laibchen zugedeckt eine halbe Stunde rasten lassen.

Fülle zubereiten: Milch mit Zucker aufkochen, Mohn und Butter dazugeben und mit den Birnen und Gewürzen verrühren.

Die Laibchen werden auf einem bemehlten Brett zu sehr dünnen Blättern ausgewalkt. Die Teigblätter sollen beim Ausrollen nie umgedreht werden. Auf ein Blatt legt man in regelmäßigen Abständen von drei Fingerbreiten kleine Häufchen der Fülle, deckt mit dem zweiten Blatt zu, drückt dazwischen leicht an und radelt Quadrate aus.

Dann legt man die Krapfen mit der oberen Seite nach unten ins heiße Fett, begießt sie, damit sie schön aufgehen, dreht sie um und backt sie fertig.

Die Krapfen sollen lichtbraun sein. Krapfen abtropfen lassen und erst vor dem Servieren mit Staubzucker bestreuen.

Offensichtlich schmecken dem kleinen Leo die frischen Bauernkrapfen auf der Steinitzenalm im Ausseerland.

Bibliografie

BAUER ROSINA, Das kleine Alm-Kochbuch, Kompass Verlag, Innsbruck, 2014

BUCHART KARIN, Die 13 Plagen in den Alpen und die Hilfe mit natürlichen Lebensmitteln, Fotos von Anita Buchart, Rupertus Verlag, Goldegg, 2006

BUCHART KARIN, BENEDIKT MARIA ANNA, Von Hand gemacht – Die Geheimnisse traditioneller Lebensmittel, Servus, Red Bull Media House, Wals bei Salzburg, 2016

BUCHART KARIN, WIEGELE MIRIAM, Die Naturapotheke – Das überlieferte und neue Wissen über unsere Heilpflanzen, Servus, Red Bull Media House, Wals bei Salzburg, 2016

DOMINÉ ANDRÉ, BEER GÜNTER, Culinaria Frankreich, Könemann Verlagsgesellschaft, Köln, 1998

DREWES MARIA, Tiroler Küche, Mit einer kleinen Kulturgeschichte der Tiroler Küche von Otto Kostenzer, Mit Fotos von Ursula und Bernhard Aichner, Tyrolia Verlag, Innsbruck-Wien, 2010

GESCHWENDTNER HERBERT, Almschmankerl – Wandern und genießen im Salzburger Land, Verlag Anton Pustet, Salzburg, 2013

HAEFELI, Schweizer Küche, Eine kulinarische Reise durch 26 Kantone, Fona Verlag, Lenzburg, 2013

HOPFMÜLLER GISELA, HLAVAC FRANZ, Unsere Friaul Rezepte, Pichler Verlag, Wien, Graz, Klagenfurt, 2014

KOMPATSCHER ANNELIES, Die Küche in Südtirol – Ein Bildkochbuch, Verlagsanstalt Athesia, Bozen, 1988

LIPP EVA MARIA, SCHIEFER EVA, Almkochbuch – Rezepte von Sennerinnen, Österreichischer Agrarverlag, Wien, 2009

MAGRIS CLAUDIO, Die Welt en gros und en détail, Carl Hanser Verlag, München, Wien, 1999

MUSIL ROBERT, Briefe nach Prag, hrsg. Von Barbara Köpplova und Kurt Krolop, Rowohlt Verlag, Reinbek bei Hamburg, 1971

PIRAS CLAUDIA, STEMPEL RUPRECHT, Culinaria Italia, Könemann in der Tandem Verlag GmbH, Königswinter, 2004

WAGNER CHRISTOPH, WAGNER-WITTULA RENATE, Kärnten – Das Österreichische Kuclhkastl, Pichler Verlag, Wien, 2001

WAGNER CHRISTOPH, WAGNER-WITTULA RENATE, Vorarlberg – Das Österreichische Kuchlkastl, Pichler Verlag, Wien, 2001

Farbenprächtig blüht der Rote Steinbrech als hartnäckiger Kämpfer inmitten der weitläufigen Karsthochfläche am Dachsteinplateau.

Edelweiß am Gipfel des
Figerhorn vor der Silhouette
des Großglockners.

Maria, Sennerin auf der Lassachalm im Kleinsölktal, bei ihrer täglichen Arbeit.

Sehnsuchtsort Berge. Blick von der Greiwiese am Figerhorn zur Hochschobergruppe.

Rezepte aus dem Ausland sind jeweils mit dem Originalnamen und der Übersetzung angeführt, erscheinen also zweifach in der Liste.

Index

Herzhafter Biss in ein
Steirerkasbrot aus dem Ennstal.

Fleißige Hände beim Butterklopfen
in der Breitlahnalm.

Die Autoren

SUSANNE SCHABER, 1961 in Innsbruck geboren, lebt seit Abschluss ihres Studiums als Reiseschriftstellerin und Literaturkritikerin in Wien. Zahlreiche Bücher, zuletzt über Island, die Pyrenäen, die Provence und die Wiener Kaffeehäuser. Im Tyrolia-Verlag hat sie den Band „Tirol – Land in den Bergen" mitgestaltet und gemeinsam mit Herbert Raffalt „Almen in Österreich".

HERBERT RAFFALT, 1964 in Schladming geboren, ist geprüfter Bergführer sowie Fotograf. Die Bilder des mehrfach ausgezeichneten Künstlers sind in zahlreichen Büchern u.a. im Band „Austria Alpin – die großen Gipfel in Österreich", Tyrolia-Verlag, zu sehen. Seit vielen Jahren ist er Leiter der Alpinschule in Schladming und Ausbildungsreferent der Steirischen Bergwanderführer.

In St. Georgen ob Judenburg steht eines der letzten intakten Rauchstubenhäuser der Steiermark.